KB120963

Takhyunmin

THE
SHOW

THE
SHOW

탁현민의 기획과 연출

메디치

나는 현실과 상상 사이에 산다.

나만의 방법을
찾아서

누구나 사소한 일상에서부터 삶의 중요한 대목까지 자기 삶을 기획하고 연출한다.

> 면접 때 어떤 옷을 입을지 고민하는 취업 준비생,
> 친구들과 여행을 어디로 갈지 궁리하는 모임장,
> 신인 저자의 원고를 기획하는 편집자,
> 신제품 홍보 기획안을 작성하는 마케터,
> 마룬5 공연을 구상하는 공연기획자,
> 각본을 쓰고 현장에서 디렉팅하는 영화감독,
> 대통령 행사를 준비하는 의전비서관,
> ...

기획이나 연출을 대단히 특별한 일로 생각할 것 없다. 모든 계획이 곧 기획이자, 기획의 구체화가 곧 연출이다. 우리는 이미 삶에서 매일 기획하고, 연출한다. 그러니 우리 모두는 기획자이자 연출가다. 그리고 기왕이면 나의 기획과 연출이 나와 남들에게 새롭고 신선하게, 재미있고 멋지게, 오래도록 기억에 남을 수 있도록 노력할 것이다.

다만 모두가 이 일을 잘하지는 못한다. 누구는 기가 막히게 하지만, 누구는 그저 그럴 것이다. 이 책은 기획과 연출을 잘하지 못하는 사람들을 위해 썼다. 따라서 이미 잘하고 있는 사람들은 이 책을 읽을 필요가 없다. 처음부터 잘하는 사람을 제외하고, 노력으로 잘하게 된 사람들의 비결은 하나다. 우여곡절 끝에 결국 자기만의 방법을 찾은 것이다.

보고서 잘 쓰는 법에서부터 기획, 홍보, 연출을 잘하는 법에 이르기까지 온갖 자기계발서와 실용서 대부분은 저자의 특별한 경험을 일반화하고 있다. 이것은 치명적인 오류다. 다른 사람의 성공 사례를 아무리 따라서 한다고 한들, 그것이 내 성공을 보장하는 것은 아니다.

세상 모든 배움이 그렇다. 남들의 방법은 다만 참고하는 것이다. 그대로 나에게 적용해봐야 결과는 같지 않다. 요즘은 유튜브 영상도 많이 찾아보는데 거기에는 발상부터 기획, 연출까지 수많은 방법이 난무한다. 저마다 이런저런 방법이 좋다며 친절히 가르쳐주지만, 결국 각자 방법이 모두 다르다는 사실만 확인할 뿐이다.

자기만의 방법을 찾아야 한다.

우리는 우주 전체에서 저마다 개별적인 존재다. 개별적인 존재로서 세상과 교신한다. 자기만의 방법이란 자신의 개별성을 확인하는 것에서 출발한다. 거기서 출발해 타인과 교류하고, 다시 자기에게 돌아오는 과정을 반복한다. 반복은 경험이 되고 경험은 축적되면서 천천히 완성될 것이다.

이 책은 '당연한 이야기와 특별한 사례 모음집'이라 할 수 있다. 누구든, 무엇에든 적용할 수 있는 당연한 이야기들이지만 거기에 덧붙인 사례들은 오직 탁현민만이 가지고 있는 특별한 경험이다. 이것을 혼동하면 안 된다. 사례로 들었던 나의 경험을 그대로 따라 해봐야 똑같이 되지도 않을뿐더러 된다고 하더라도 아류에 불과하다. 그러니 모쪼록 나의 사례를 참고하여 각자의 사례를 만들어나가길 바란다.

원고를 쓰며 기획자와 연출가로 일하면서 받아왔던 그간의 세평을 찾아 읽었다. 조·중·동을 비롯한 많은 언론과 사람들이 나와 내가 했던 일들에 대해 언급해왔다. 대개는 욕이거나 비난이거나 저주였지만, 그 기사들을 보니 나만 미처 몰랐던 사실을 하나 알게 되었다.

그들에게 나는 '위대한(?) 쇼맨'이었다. 하지만 나를 위대한 쇼맨이라고 빈정거리는 언론사나 인물치고 쇼하지 않는 것을 나는 본 적 없다. 나와 그들의 차이는 누가 잘하고 누가 못하는지뿐이지만, 내게는 있고 그들에게는 없는 게 하나 있다.

바로 상상력이다. 영화 〈위대한 쇼맨〉에는 이런 대사가 나온다.

> 과장하는 게 큰 죄는 아니잖아. 사람은 너무 큰 상상력이 아니라 너무 작은 상상력 때문에 더 고통받지(Hyperbole isn't the worst crime. Men suffer more from imagining too little than too much).

하찮은 사실 때문에 총체적 진실에서 멀어지고, 그로 인해 인지 장애나 인지 부조화를 느껴본 경험이 있는지 모르겠다. 마치 분간하기 어려운 어둠 속에 혼자 있는 기분 말이다.

어떤 사람이나 사건, 역사도 있는 그대로 전해지지 못한다. 모든 것은 과장되거나 생략되거나 은유적으로 표현되기 마련이다. 이것이 부분의 사실에 천착할수록 진실에서 멀어지는 이유다. 부서지고 조각난 사실을 통해 진실로 나아가기 위해서는 상상력이 필요하다. 거대한 진실에 닿고자 할수록 그만한 상상력이 필요하다. 그런 의미에서 나를 빈정거린 무리와 나와의 차이는 아마도 상상력의 크기였을 것이다.

기획과 연출은 상상을 현실화하는 작업이다. 예술이다.

"우리 모두 기획자이자 연출가"라는 말은 "우리 모두는 아티스트"라는 말과 같다. 기왕 예술을 할 거라면 잘하는 게 좋다. 그 결과물로 나와 다른 사람이 행복해지면 더 좋을 것이고.

가장 고귀한 예술은 다른 사람들을 행복하게 하는 것이다 (The noblest art is that of making others happy).

— 〈위대한 쇼맨〉 중에서

CONTENTS

THE SHOW

발상에서

기획까지

상상을 현실화해라.
그것이 연출가의 숙명이다.
상상의 단편들로 장면을 만들고,
장면을 바탕으로 서사를 만들고,
서사를 바탕으로 메시지를 만들고,
메시지를 바탕으로 구현해라.

이야기를 가진 자가
모든 것을 가진다

사람들을 하나로 모으는 건 무엇일까? 군대? 황금? 깃발? 아니, 이야기다. 훌륭한 이야기만큼 강력한 건 세상에 없다. 무엇으로도 막을 수 없고 어떤 적보다도 강하다(What unites people? Armies? Gold? Flags? Stories. There's nothing in the world more powerful than a good story. Nothing can stop it. No enemy can defeat it).

미국 드라마 〈왕좌의 게임〉 시즌 8 마지막 에피소드에 나오는 난쟁이 '티리온 라니스터'의 대사다. 한마디로 '이야기를 가진 자가 모든 것을 가진다'. 서사의 중요성을 이야기하는 어떤 문장보다 간결하고 설득력 있는 구절이다.

모든 서사가 힘을 갖는 것은 아니지만 서사는 크든 작든 힘을 갖는다. 사진, 그림, 노래, 영화, 공연 등 그럴듯한 작품에는 반드시 그럴듯한 서사가 있다. 서사가 있다면 한 장의 사진, 한 폭의 그림에서 대하소설이나 10부작 드라마, 장편영화가 만들어지기도 한다. 서사의 힘은 이상을 현실로 느끼게 해주고 현실을 이상 세계로 인도한다. 설화가 만들어지고 전설이 된다.

서사는 이야기인 동시에 흐름이다. 사건과 사건의 연쇄, 사람과 사람의 만남, '발단 → 전개 → 위기 → 절정 → 결말'과 같은 구조도 서사의 부분이다. 요즘은 구조가 해체되어 결말에서 발단으로 가기도 하고 절정에서 결말로 바로 치닫기도 한다.

서사에 능숙해지려면 모든 생각을 이야기로 만드는 연습이 필요하다. 요즘은 책 읽기는커녕 할머니, 할아버지에게 옛이야기조차 들으며 자라지 않기 때문에 더욱 그렇다. 어려서부터 이야기를 많이 듣고 자랐다면 연습이 꼭 필요하지는 않다. 평소 이야기를 제대로 기억만 하고 흐름을 따라가는 집중력만 벼리면 된다. 그러면 서사에 능숙해질 수 있다. 이야기를 많이 들을수록 이야기를 잘 만들게 된다.

릴스나 쇼츠 같은 토막 난 유튜브 영상만 쳐다보고 있으면 서사로부터 멀어진다. 맥락과 해석이 필요 없는 이 짧은 영상들은 극단적 표현과 자극적 이미지에 지나지 않는다. 오래 보면 볼수록 더 강한 자극만 원하게 된다.

설득력 있는 이야기를 만들려고 할 때 우리는 본능적으로

'사실'에 주목한다. 사실이 가지고 있는 힘 때문이다. '엄연한 사실'이라는 전제는 이야기의 힘을 끌어올린다. 하지만 서사가 꼭 사실로만 만들어질 필요는 없다. 허구일지언정 그것을 진심으로 바라는 마음이 있다면 사실로 만든 이야기보다 더 몰입하게 하고 공감하게 된다.

무엇보다 '진실'에는 사실로는 채울 수 없는 의지와 바람이 담기기 마련이다. 창조와 상상의 힘이 더해진다. 그래서 우리는 현실과 다른 드라마에서 울고 웃고 절망하고 분노하고 화해한다.

내가 만든 최고의 서사는 '판문점 도보다리 회담(2018)'이다. 소소한 장치들은 차치하고서라도 남과 북 두 정상의 첫 만남에서 마지막 이별까지 모든 시퀀스sequence는 같은 이야기를 담고 있었다.

오전 9시 39분에 시작된 한나절 일정이 마무리된 시간은 저녁 9시 38분. 모든 것을 의도한 것은 아니었지만 어떤 것도 의도하지 않은 것이 없었다.

남북 두 정상이 분계선에서 처음 만나 악수를 하고 남쪽을 배경으로 사진 촬영을 한 뒤, 다시 북쪽을 배경으로 사진 촬영을 했다. 그리고 문재인 대통령이 정전 65년 긴 세월을 넘어 북측 땅을 밟았다. 이어 김정은 위원장이 남측 땅을 밟고 내려왔다. 5천 년을 함께 살았던 우리 민족의 노래 〈아리랑〉이 연주되는 가운데 두 정상은 판문점을 한 바퀴 돌며 의장대 사열을 위해 이동해 사열을 받았다.

남북 정상회담은 시차를 없애는 일부터 시작했다. 이전까지 북측은 표준 시간을 우리보다 30분 빠르게 설정해놓았지만 이날 회담에서는 이 시차를 동일하게 하겠다고 선언했다.

공식 회담 이후 일정은 도보다리 산책이었다. 더 부연할 필요가 없는 이 일정은 결국 가장 상징적인 이미지가 되었다. 카메라 한 대가 원테이크로 길게 뽑았고 오디오는 이름 모를 산새 소리뿐이었지만, 이 장면에 전 세계가 주목했다. 회담이 마무리된 후에는 평화의집을 배경으로 서서 공동선언을 했다. 되돌릴 수 없는 평화를 약속하는 자리였다.

만찬장에서는 남한 어린이가 〈고향의 봄〉을 불렀고 모든 참석자가 이 노래를 따라 불렀다. 그리고 마지막 환송 행사가 이어졌다. 서태지의 〈발해를 꿈꾸며〉를 배경으로 착석한 남북 정상은 〈아리랑〉, 〈고향의 봄〉, 〈새야 새야 파랑새야〉를 함께 들었다.

그날 하루는 통일이었다. 하나의 봄이었다. 너무 완벽해서 비현실적이었다.

나는 이 서사에서 우리가 다르지 않다는 것을 끝까지 놓치지 않겠고 다짐했다. 남북의 시련, 갈등, 반목, 전쟁, 상처…. 서로에 대한 적대감을 뛰어넘는 동질감을 찾아내 일정

을 만들고 상징을 만들고 감정을 만들었다. 이것이 4월 27일 판문점 회담의 핵심 서사였다.

남북 정상회담 행사의 주제가 '민족 동질감 찾기'였다는 것은 언뜻 당연해 보일지도 모른다. 하지만 숨 가쁘게 돌아가는 회담 일정에 맞춰 프로그램을 준비하다 보면 핵심 주제가 생각나기는커녕 당장 처리해야 할 일에 치여 그저 사고나 없길 바라는 마음이 된다. 작은 소품과 만찬 메뉴, 꽃다발 속 꽃말까지도 의미가 부여되고 해석되는 모든 일정이 생방송으로 진행되는 상황에서 주제를 놓치지 않는다는 것은 참 어려운 일이었다.

그럼에도 불구하고 모든 일정에서 핵심 주제를 놓치지 않을 수 있었던 까닭은 동질의 서사가 내게 오랫동안 각인되어 있었기 때문이다.

내 외가는 평양에서 내려온 피난민들이었다. 매해 여름방학을 할머니 댁에서 보냈던 내게 외할머니는 평양 풍경과 동네 이야기와 피난 내려올 때 있었던 영화 같은 일들을 내가 잠들 때까지 이야기해주셨다.

할아버지가 만주로 일하러 간 사이에 전쟁이 터져 남으로 내려오던 할머니는 혼자 엄마를 업고 다섯 살 난 삼촌의 종아리를 때려가며 걸어가다가, 마침 정차된 기차 지붕 위로 힘들게 올라가 자리를 잡고 앉았다고 한다. 남편 없이, 일가 없이 아이 둘을 안고 찬바람을 고스란히 맞으니 뼈가 시리고 얼음이 몸에 배기는 느낌이었다고 말씀하셨다.

그렇게 하염없이 출발을 기다리는데 삼촌이 두르고 있던 이불을 기차 아래로 떨어뜨렸고, 마침 아래 객차에 있던 누군가가 떨어지는 이불을 받아 창밖으로 몸을 내밀어 위로 올려주었는데, 그게 만주에 갔던 남편, 내 할아버지였다는….

할머니의 평양 이야기와 피난 이야기는 너무나 영화 같아서 자기 전에 항상 이야기해달라고 조르다가 잠이 들었다. 이야기를 들을수록 점점 새로운 에피소드들이 추가되어 단막극에서 미니시리즈, 미니시리즈에서 시즌제 드라마로까지 확장되었다. 하지만 전편 모두에 담겨 있는 메시지는 하나였다.

"전쟁 전에는 사람들이 모두 좋았어. 서로 위해주고 아껴주고, 왜정 때만 해도 전쟁 때 같지는 않았어. 모두 한집 사람 같았어."

2018년 판문점 회담과 선언을 준비했던 내 심연에는 돌아가신 외할머니 이향옥 여사의 서사가 자리하고 있었을 것이다.

할머니가 보고 싶다. 그 끝나지 않던 이야기를 한번 더 듣고 싶다.

'U2+BTS'
원피스 프로젝트

2019년에서 2020년쯤에 나는 대통령 행사기획 자문위원으로 일했다. 자문위원은 책임 없이 이래라저래라만 하는 무보수 명예직이지만, 앞에 '대통령'이라는 수식이 붙으니 이 역시 만만찮은 직책이 되었다. 게다가 '행사기획'이라는 아주 구체적이고 명시적으로 업무가 규정되어 있어 여느 기관의 '자문위원'처럼 일할 수가 없었다.

문제는 '무보수'라는 것이었다. 청와대에 있을 때는 힘들고 고돼도 월급은 받으면서 일했지만, 자문위원이 되자 월급도 못 받고 하는 일은 똑같은 처지가 되었다. 열심히 하기보다는 대충해야겠다고 생각했다. 하지만 자문위원으로 위촉되자마자 트럼프 대통령 방한(2019), 노르웨이 문화 공연(2019), 한-아세안 정상회의(2020) 등 여러 굵직한 국내외 행사를 준비해야 했다.

물론 행사마다 담당 부처가 있고 청와대 내에 내가 맡았던 업무를 새로 담당할 후임도 들어왔지만 아무래도 미흡한 면이 있었다. 굳이 내게 '대통령 행사기획 자문위원'이라는 타이틀을 만들어주었던 까닭도 청와대 밖에서라도 주요 국가 행사는 좀 도와주었으면 싶다는 대통령 뜻이 있었기 때문이다. 결국 창성동 별관에 마련된 자문위원 사무실에서 파견된 직원 두 명과 매일 일했다.

그렇게 눈앞에 닥친 행사들(노르웨이 문화 공연, 태국 순방 문화 행사, 한-아세안 관련 행사)을 연이어 치르고 얼마 지나지 않았을 때, 록 밴드 U2의 내한 공연 소식을 들었다. U2 공연이야 록 음악 팬들에게는 반갑고 기쁜 소식이었겠지만, 통상 해외 아티스트의 내한 공연이었을 뿐 처음엔 큰 관심을 두지는 않았었다(개인적으로 예매도 하고 나중에 공연을 보기도 했지만).

그즈음은 '하노이 노딜' 이후여서 남북 관계가 경색되고 '평창 동계올림픽 → 삼지연관현악단 내한 공연 → 〈봄이 온다〉 방북 공연 → 판문점 회담 → 평양 방북' 등으로 조성된 기대가 무너지기 시작했을 때였다. 특별한 계기가 만들어지지 않는 한 다시 처음으로 돌아갈 것 같은 불길한 예감이 들었다.

'하노이 노딜'은 문재인 대통령 회고록 《변방에서 중심으로》에서도 언급되었듯 예상을 뛰어넘는 파국이었다. 우리가 처한 현실이 어디인지를 아주 분명하게 보여준 사건이었다.

남북 평화와 번영은 당사자인 남북만의 노력으로 해결될 수 없고, 우리 마음대로 할 수 있는 게 별로 없다는 사실을 새삼 깨닫게 해주었다. 북한조차도 남북문제에 있어서 늘 '우리끼리'를 강조하지만 실상은 미국과의 관계를 늘 우선순위에 놓고 있었다.

평창올림픽으로 남북 관계의 새로운 시작을 열었듯이 외교 상황이 고착되었을 때 돌파구는 문화밖에는 없다는 생각이 들었다. 그리고 우리 노력이 주변국들을 포함한 국제적인 지지를 받는 것은 필요한 일이었다.

U2의 내한을 떠올린 이유가 여기에 있었다. U2는 국제적인 사건과 분쟁에 언제나 목소리를 내왔고, 그것을 음악으로 표현하면서 전설이 된 밴드다. 그들의 공연이 그저 아시아투어 프로그램으로 끝나지 않고 한반도 평화와 화합 메시지를 담아줄 수 있지 않을까 하는 기대가 생겼다. U2라면, 보노(U2의 리더, 보컬)라면 이러한 우리의 제안에 귀를 기울여 주지 않을까 싶었다.

그들에게 제안할 내용을 기획하기 시작했다. 일단 보노가 청와대에서 대통령과 직접 만나는 것이 필요했다. 보노는 이미 버락 오바마 대통령을 비롯한 전 세계 정상들과 만나 자신의 정치적, 사회적 견해를 이야기해왔던 경험이 있으니 크게 어렵거나 어색한 일이 아니었다. 알아보니 그 시점쯤에는 이미 외교부와 문화체육관광부에서도 보노와 대통령의 환담을 추진 중이었다.

중요한 건 만났을 때 어떤 제안을 하느냐는 것이었다. 그냥 인사나 나누고 한반도 평화 문제에 대해 관심을 부탁하는 정도로는 부족했다. 좀 더 구체적인, 실현 가능한 프로젝트를 사전에 제안하고, 대통령 환담이 끝난 후 성사된 내용을 발표하는 그림을 만들고 싶었다.

며칠을 고민하던 중 파견되어 함께 일하던 직원 입에서 '원ONE', '피스PEACE'라는 단어가 튀어나왔다. 구체적으로는 한반도 평화를 기원하는 U2 특별 공연 제안이었다. 이 기획에는 BTS(방탄소년단)가 U2와 협연하는 것도 넣었다. '원피스ONE-PEACE'에는 두 뮤지션이 한뜻을 가지고 함께 무대에 선다는 의미도 있었다.

BTS는 U2만 좋다면 기꺼이 무대에 서겠다는 의사를 보내왔다. 남은 것은 U2의 결심뿐이었다. 취지와 의미를 담은 프로젝트 제안서를 작성해 U2측에 보냈다.

한국 공연을 환영하며 이번 공연을 계기로 제안하고 싶은 것이 있다. 우리는 한반도 평화를 위해 여러 노력을 해왔으나 지금 상황이 그리 밝지 않다. 이러한 때에 세계 평화를 메시지로 활동해온 당신들과 대한민국 뮤지션 BTS가 함

께 한반도 평화와 화합을 위한 특별 공연을 해주었으면 좋
겠다. 대한민국 대통령을 만나는 일정을 알고 있다. 당신들
이 동의한다면 이 프로젝트를 보고하고 두 뮤지션의 특별
한 공연을 전 세계 사람들이 시청할 수 있도록 준비하겠다.
또 유엔을 비롯한 많은 나라에 부탁해 이 공연에 지지를 보
낼 수 있도록 하겠다. 공연 내용 및 기타 준비와 관련한 이
야기를 나누고 싶다.

메시지를 보내고 반드시 성사되길 간절히 바랐다. 성사
만 된다면 보기 드문 '빅 쇼'가 될 것이고 전 세계인에게 한반
도 평화를 호소할 수 있는 계기를 만들 수 있겠구나 싶었다.
이것이 계기가 되어 다시 평화 프로세스가 진행될 수 있기를
바랐다. 얼마간 시간이 흐르고 고대하던 답신이 왔다. 답신은
보노가 유사한 프로젝트들을 진행하며 운영하는 재단으로부
터 받았는데 그 내용은 대략 이랬다.

멋지고, 훌륭한, 그리고 꼭 하고 싶은 프로젝트다. 그러나
너무나 애석하게도 현재 별도 공연을 준비할 시간과 물량
(아마도 하드웨어와 시스템을 말하는 듯했다)이 없다. 특히 아
시아 지역 투어 일정이 모두 정해지고 티켓 판매가 완료된
상황이어서 일정 조정이 불가능하다. BTS와의 협연도 매

문재인 대통령과 보노의 만남

우 아쉽다. 우리도 그들을 잘 알고 있으며 그들의 음악을 좋아한다. 언젠가 기회가 된다면 함께 무엇을 해볼 수도 있지 않을까 싶다.

대한민국 대통령을 만나는 것도 매우 영광스럽다. 평화를 위해 노력하고 있는 대한민국 대통령을 깊이 존경한다. 대통령을 만나게 되었을 때 이를 직접 말하고 모든 계획을 지지할 생각이다. 제안한 프로젝트를 지금은 할 수 없지만 지속적으로 연락을 주고받았으면 한다. 우리가 그러한 노력을 이어나가는 것이 중요하다. 언젠가 지금 나눈 이야기들이 현실이 될 것이라 믿는다.

ONE-PEACE.
언제고 반드시, 꼭 한번 해보고 싶다.

아름다움을
찾아서

2024년 4월 오랜만에 공연을 연출했다. 그간 이런저런 행사나 이벤트를 하기는 했지만 입장료를 받고(전석 11만 원), 프로그램을 짜서(120분), 공연을 연출한 것(3회)은 7년 만이었다.

공연 제목은 〈더 뷰티풀〉. '아름다움이란 우리 시대가 그리워하는 것을 정직하게 표현하는 것'이라는 부제를 달았다. 25년간 공연을 만들어왔지만 이런 식의 공연은 처음이었다. '김어준 기획·탁현민 연출'이라는 것을 제외하고는 대중적인 공연자가 단 한 명도 등장하지 않는 공연(김어준, 탁현민도 그리 대중적이지는 않지만)이었고, 오케스트라부터 사물놀이까지 다양한 연주자가 장르 구분 없이 뒤섞인 공연이었다. 그러면서 사전에 펀딩을 받아 공연 6개월 전에 이미 매진이 된 공연이었고, 공연 당일까지 음악감독, 안무감독, 영상감독만이 공개된 공연이었다. 그 외에도 여러 가지 면에서 새로운 시도였다.

부제를 참 오랫동안 고민했다. 우리는 아름다운 공연을 보기를 원한다. 아름다움은 곧 감동이고 감동이 있어야 공감할 수 있다.

아름다움 → 교감 → 감동.

순서는 달라질 수 있어도 이것들은 서로 깊이 연결되어 있다. 아름다움에 대한 동경은 모든 창작자의 공통분모. 어떤 창작자가 기괴하고 뒤틀린 이미지나 끝없는 불협화음을 만들어낸다고 해도 그것은 본질적으로 아름다움의 이면이거나 아름다움을 찾아가는 여정이다.

내가 아름답다고 생각하는 것이 무엇인지 오랫동안 고민했다. 사랑이, 이별이, 꽃이, 나무가, 사람이, 동물이, 바다가, 산이, 바람이, 흔들리는 갈대와 갈대와 늘 헛갈리는 억새가, 씩씩하게 자라는 여름 옥수숫대가, 제주도 돌담이, 숨비소리와 함께 물 위로 솟구치는 늙은 해녀가…. 도처에 있는 무엇이든 아름다울 수 있고 아름답다고 호명되는데 그중에서 나는 무엇에 아름다움을 느끼는지 궁금했다. 그 많은 것 중 내가 감동하고 공감하는 것, 내가 반응하는 것은 무엇일까.

길가에 흐드러지게 피어난 꽃들이 어떻게든 살겠다고 군락을 이루며 버티는 모습, 꺾여나간 자리에 또 꽃을 피우는 모습, 그 숙명이 나는 아름다웠다. 세상에 어떤 일이 벌어져도 무심히 밀려왔다가 다시 쓸고 나가는 파도, 세상은 그렇게

군소리 없이 버텨내는 거라고 말하는 것 같았다. 굳이 꾸며낼 필요도 없었다. 정직하게 표현하고 그대로 보여주는 것만으로도 완성이었다.

역사도 마찬가지다. 상처 입고 피 흘리는 모습을 있는 그대로 보여주어야 한다. 어쭙잖은 소명이나 사명 같은 것으로 상처를 싸매면 덧나고 곪게 되어 있다. 아프더라도 있는 그대로 드러내야 한다. 설령 외면당한다 해도 어쩔 도리가 없다.

혹시 기획은 무엇인가 만들어내는 것이고, 연출은 만들어낸 걸 꾸미는 것이라고 생각할지도 모른다. 그러나 진짜 아름다움은 만들어지는 게 아니라 발견하는 게 아닐까. 만들어진 아름다움은 그리 오래가지도, 여운이 깊지도 못하다.

언제부턴가 우리는 찾거나 발견하는 일을 너무 소홀히 하는 경향이 있다. 무엇이든 만들어낼 수 있다고 생각하는 것만 같다. 하지만 우리가 진짜 아름답다고 말하는 모든 건 대부분 발견되는 것이다.

아니, 발견되길 기다리고 있다. 예전에도 지금도 다음에도.

〈더 뷰티풀〉
콘서트 제작 이야기

〈더 뷰티풀〉 콘서트는 공무원 생활을 마치고 연출로 복귀한 첫 작품이다. 김어준 등과 함께 만들었던 토크 콘서트 〈나는 꼼수다〉와 김어준, 강신주와 함께 만들었던 〈킬링캠프〉의 연장선에 있기는 했지만 형식과 내용, 홍보와 마케팅 모든 면에서 달랐다.

이 공연은 사전 펀딩으로 제작되었다. 관객 수를 1천~2천 명 정도로 예상하고 내용도 토크 콘서트로 생각하고 시작했는데, 짧은 기간 2만 명이 넘는 인원이 펀딩에 참여해 부득이하게 구성을 바꿀 수밖에 없었다. 관객 수가 1천 명 단위를 넘게 되면 아무리 음향에 투자한다고 하더라도 공간에 울림을 잡아내기 어려워 장시간 토크 공연은 불가능하다. 현장에서 소리가 잘 들리지 않아 관객들이 공연에 집중하기가 어렵다.

구성을 토크 공연에서 버라이어티 공연으로 바꾸려는 순

간부터 고민이 깊어졌다. 음악, 무용, 토크, 영상, 특수효과 등을 활용해 공연을 다채롭게 만들어야겠다는 결심은 섰지만 각각을 연결해주는 것이 있어야 했다. 처음에는 그 이음새로 '토크'를 생각했었는데 〈나는 꼼수다〉 때처럼 다양한 출연진이 없는 상황이었고, 김어준을 제외하면 1만 명에 육박하는 관객들을 상대로 피드백을 끌어내며 분위기를 풀어낼 게스트를 찾기도 어려웠다. 결국 음악으로 공연 전체를 연결해야겠다고 마음먹었다.

음악으로 전체 스토리를 연결하는 일도 그리 쉽지는 않았다. 일단 그럴듯한 출연진이 없었다. 물론 최종적으로 구성한 〈더 뷰티풀〉 공연 출연진이 그럴듯하지 않았다는 의미는 아니다. 대중적인 출연자가 〈봉우리〉를 불러준 가수 알리를 제외하고는 없었다는 뜻이다. 여러 가수와 접촉해보았지만 다들 고사했다. 연출이 신뢰를 주지 못한 이유도 있을 것이고, 김어준 때문이기도 했다. 그렇게 인지도 있는 가수들이 없으니, 당연히 익숙한 음악으로 이야기를 짜맞추는 것은 불가능했다.

이렇게 된 이상 차제에 오랫동안 구상만 해왔던 형식을 시도해보는 수밖에 없었다. 작곡가들에게 각 파트를 맡기고 전체를 새로운 곡으로 구성하여 스토리를 짜기로 했다. 다행히 작곡가 정재일, 윤일상, 김형석 그리고 김민기 선생님까지 이러한 공연 구성에 동의했다.

새로운 곡을 만드는 일은 윤일상, 김형석이 맡아주었고 정재일은 공연 서사에 가장 중요한 세 곡을 다시 편곡해주었다. 김민기 선생님은 〈봉우리〉의 사용과 편곡을 허락해주었다(〈봉우리〉는 이세현 작가의 작품 〈붉은 산수〉를 배경으로 연주되었다). 이렇게 만들어진 음악들로 공연 시퀀스가 형태를 갖추기 시작했다. 여기에 토크(김어준), 안무(김설진), 미디어아트(문준용)를 붙이기로 했다. 이로써 큰 덩어리들은 만들어진 셈이었다.

김설진의 안무로 오프닝을 만들고 이어서 김형석의 음악으로 역사적 사건들을 표현해보기로 했다. 오프닝 퍼포먼스는 이야기의 시작이었고, 이후 춤은 음악으로 구현될 여러 사건을 해설하는 역할도 해야 했다. 음악을 가사가 아닌 동작(춤)으로 설명하는 것은 꼭 해보고 싶었던 작업이었다.

김어준의 토크는 AI로 구현한 노무현 전 대통령과의 대담으로 만들기로 했다. 애초에는 노회찬 전 의원도 고려했지만, 초상권을 비롯한 여러 이유로 노무현 전 대통령을 선택했다. 미리 대본을 만들고 거기에 맞춰서 답변을 준비했지만 최종적으로는 라이브 위주로 다시 수정했다. 세 차례나 되는 공연에서 김어준이 매번 똑같은 질문이나 분위기를 만들어내지 못할 것 같았고, 기술적으로도 라이브를 하는 것이 이미 만들어진 이미지와 오디오를 플레이하는 것보다 나은 까닭도 있었다. 여기에 좀 더 사실적인 구현을 위해 평면 LED가 아닌

필름에 상이 맺히는 홀로그램으로 노무현 전 대통령을 구현했다.

다 만들어놓고 나니 그제야 치명적인 문제가 있다는 사실을 깨달았다. 돌아가신 분을 재연할 때는 어느 시점의 인물을 소환해야 하는지가 중요했다. 국회의원 노무현, 대통령 노무현, 퇴임 후 노무현의 모습이 각기 달랐고, 시기별로 말씀하신 내용은 물론 분위기와 모습도 달랐다. 연출가가 특정 시점의 노무현을 선택해서 최선을 다해 구현했다고는 하지만 서로가 기억하는 노무현의 모습은 다를 수밖에 없다. 앞으로 비슷한 작업을 다시 하게 된다면 깊이 고민해야 할 부분이다.

오랜만에 비슷한 정서를 가진 관객들이 많은 기대를 안고 모이는 자리라는 점에서 다 함께 공연을 즐길 수 있는 순서도 꼭 필요했다. 보통은 이 부분에 모두가 알만한 가수가 등장해 '떼창'이 가능한 노래를 부르며 분위기를 만들어야 하지만 알만한 가수도, 노래도 없으니 관객들 스스로 놀 수 있도록 만드는 수밖에 없었다.

윤일상이 EDM으로 믹스한 곡들을 만들어 직접 디제잉하는 순서를 만들었다. 분위기를 돋우기 위해 특수 효과와 영상을 화려하게 쓰고, 전문 디제이와 래퍼 그리고 알만한 얼굴들인 〈겸손은 힘들다〉 고정 출연진까지 여기에 투입했다. 덕분에 무겁고 우울한 공연에 가장 활기가 넘친 순서가 만들어졌

녹수야 흐르건만 청산이야 변할소냐

님의 정은 녹수로구나

아마도 녹수가 청산을 못 잊어 빙빙 감고만

다. 다들 자리에서 일어나 몸을 흔들 수 있었다. 관객이 직접 공연의 한 부분을 맡아준 셈이다.

문준용의 미디어아트는 '자연과 환경'에 대한 경각심을 표현하는 작품으로 방향을 잡고 시작했지만 '히스토리(음악과 춤으로 해설하는) → 피플(노무현을 만나다) → 더 파이팅(함께하는 사람들) → 멈출 수 없는 미래(저 물결 끝내 바다에)'로 진행되는 전체 이야기에서 홀로 튀어나오는 느낌이었다. 하지만 자연과 환경을 빼고 미래를 말하는 건 공허했다.

그러던 중 문준용 미디어아티스트가 작업실에서 무용수 안무에 딜레이를 걸어 시차를 두고 이전 화면과 실시간 화면이 만나는 장면을 연출해 보여주었는데 '이거다!' 싶었다. 과거의 나를 현재의 내가 만나고, 현재의 나를 미래의 내가 만난다는 설정은 미래와 환경, 자연의 모든 메시지를 담아낼 수 있는 훌륭한 설정이었다.

마지막으로 정재일이 만들었고 이번에 새로 편곡한 〈내 정은 청산이요〉, 〈Wake Up Call〉, 〈저 물결 끝내 바다에〉는 스트링, 국악, 사물놀이, 구음□吟으로 풀 편성을 하고, 설치미술가이자 몇 차례 함께 영상 작업을 했었던 장민승 감독의 영상을 분할하여 사용했다. 이 세 곡은 모두 각 시퀀스를 마무리하는 피날레로 공연 메시지와 너무도 잘 맞아떨어졌다. 장민승 감독에게도, 바쁜 와중에도 편곡과 연주자 구성까지 신경

써준 정재일 감독에게도 이렇게 또 큰 빚을 졌다.

여기에 더해 김민기 선생님의 〈봉우리〉를 가수 알리가 불러주었고, 오프닝과 클로징 중간중간 여러 인서트 영상을 만들어준 윤경아 감독의 작품들 덕분에 지루하고 무거워진 공연에 긴장을 심을 수 있었다.

〈더 뷰티풀〉은 사전 펀딩 방식인 탓에 티켓 예매가 없었고, 알만한 출연진이 없었고, 앙코르가 없었다. 이런 공연을 다시 만들기도, 다시 보기도, 비슷한 사례를 찾기도 어려울 것이다. 커진 규모 때문에 이렇게 된 것이지만 공연에 쓰인 여러 구상과 연출은 오랫동안 언젠가 해보리라 마음먹었던 것들이었다. 특히 새로 만든 음악으로 이야기를 구성해 이를 춤으로 해설하는 것과, 한 무대에서 다양한 악기와 장르를 표현해보고 싶다는 바람을 현실화했다.

연출가에게 자기 바람과 신념을 표현할 기회가 있다는 것은 큰 축복이다. 김어준 덕분에 가능했던 부분도 많다. 공연 전반을 만들어낸 성준혁 감독과 함께 작업해준 모든 사람과 관객들, 다들 고마웠습니다.

아름다움이란 우리시대가 그리워하는 것을
정직하게 표현하는 것입니다.

AI, 오케스트라, 국악, 미디어아트, 무용
영상, 판소리, 노래 대름섬 바리아이테

THE
BEAUTIFUL
고백탄

The Beautiful
Cue Sheet/MSV

새로움을
베다

고정관념이 만들어지는 과정은 꽤나 합리적이다.

여러 차례 반복을 통해 경험한 경우나, 기존에 신뢰하고 있던 사람에게서 나온 믿을 만한 조언 등이 반복해서 쌓이게 되면 어느 순간 고정관념이 형성된다. 이는 어떤 조건에서도 바뀌지 않는 신념과도 같다.

고정관념은 안전하다. 고정관념에 따라 일하면 대부분 앞선 결과와 같은 결과를 내거나 비슷하게 될 확률이 높다. 크게 망하지 않는다.

우리 사회에서 고정관념을 가장 신뢰하는 집단은 공무원이다. 공무원은 전례典例와 관례慣例를 확신의 근거로 삼는다. 공직 사회는 이 두 가지를 가장 신뢰한다. 전례는 해왔던 대로 되풀이하는 것이다. 가장 안전하고 검증되었으며 대단치는 않지만 크게 문제 될 것 없는 결과를 보장한다. 관례는 전례와 비슷한 의미를 갖지만 좀 더 관습적이며 본질에 가깝다. 이번 사례는 다음번의 전례가 되지만, 이번 사례가 무조건 관례가 되는 것은 아니다.

나는 '어공(어쩌다 공무원)' 생활을 한 적이 있다. 정식 명칭은 별정직 공무원. '늘공(늘상 공무원)'이 아닌 어공이었지만 다른 공무원들과 마찬가지로 전례와 관례를 요구받았고 언제부턴가 그 안에 갇혔다. 빠져나오려고 발버둥 쳤지만 대부분 실패했고 아주 가끔 성공했다. 매번 참신하고 싶었지만 그러지 못했다.

모든 기획자는 항상 참신함을 요구받는다. 매해 되풀이되는 국가 기념식이나 대규모 국제 행사, 신인 가수의 첫 데뷔 무대, 신제품 설명회 등 전부 마찬가지다. 기획자는 언제나 새로움을 요구받는다.

새로움, 즉 '참신斬新'에서 '참斬'은 목을 베거나 끊어낸다는 의미로 쓰인다. 무엇을 끊어내는 것일까. 당연히 과거 사례, 전례, 관례를 끊어내는 게 참신함 아닐까. 하지만 '신新'은 새로움을 뜻한다. 그렇다면 참신은 놀랍게도 '새로운 것을 끊어내는 것'이라는 의미가 된다. 도무지 이해하기 어렵다.

'참신'에서 '신'을 갑골문자로 풀어 '고목古木'으로 해석하기도 한다. 새로움을 행한다는 동사가 아니라 '오래된 나무'라는 명사로 해석하는 것이다. 이때는 '나무를 패다', '나무를 쪼갠

49

다'라는 뜻으로 해석한다. 오래된 고사목을 잘라내면 그 속은 겉껍질과는 다른 새로운 형태, 질감, 용도로 활용할 수 있다는 의미다.

'참신'은 '새로움을 베어내는 것'이라고 해석할 때 훨씬 풍부한 해석이 가능하다. 새로움이란 언제나 과거의 유산에서 시작한다. 우리가 새롭다고 할 때 그것은 과거의 무엇으로부터 새롭다는 것이다. 참신한 기획이란 언제나 전례와 관례에 빚을 진 채 만들어진다. 이전을 바탕으로 하지 않는 참신함은 존재하지 않는다.

성경에서 "해 아래 새것이 없다"고 한 이유도 여기에 있다. 천지 만물의 창조와 진화 등 모든 역사가 그렇다. 기획자의 머릿속에서 만들어지는 그 무엇 역시 이미 있던 것들에 크게 신세 질 수밖에 없다.

발상의 새로움을 이야기할 때 늘 꺼내는 말이 있다.

"달걀프라이를 만들기 위해서는 우선 달걀을 깨야 한다."

이 말을 '달걀 껍데기를 깨부수자!'는 말로 이해해서는 곤란하다. 프라이는 껍질 안에 있는 달걀에서 시작된다. 세상에 껍질 없는 달걀은 없다. 껍질이 없으면 생명도 없다. 달걀의 껍질이란 결국은 깨고 나와야 하는 벽이고 열고 나와야 하는 문이지만, 껍질은 달걀의 새로운 변모를 막아서고 있는 것이 아니다. 그보다는 오히려 다른 세계로 가는 길이라고 할 수 있다. 그래서 새로운 발상을 가두는 관례를 면밀히 분석하다 보면 오히려 본질을 탐구하는 경험을 하게 된다.

일례로 대통령이 임명장이나 훈장을 수여할 때를 살펴보면 비서실장부터 청와대 주요 수석들과 비서관들이 대통령을 중심으로 도열해 있었다. 그런 모습을 볼 때마다 좀 과하다고 생각했다. 아니, 지나치게 권위적이었다. 대통령 권위가 이렇게 과한 모습으로 국민에게 비쳐서는 안 될 것 같았다.

먼저 대통령을 중심에 놓고 도열하는 전례를 찾아보았다. 한국의 대통령 의전 대부분은 박정희 대통령 시절부터 시작되었는데 이 역시 마찬가지였다. 주요 인사 임명장이나 포상 수여 시 열 맞춰 배석하는 전례가 그때부터 있었다.

대통령의 권위를 낮추고 대상자를 예우하는 형식을 고민했다. 모두 기립해 있던 공간에 의자를 놓고, 대상자 가족을 초청하고, 그 자리에 배석하는 관계자들은 의전 서열이 아니라 업무와 관계있는 사람들로 우선순위를 정해 자리에 앉도록 형식을 만들었다.

새로운 형식을 만들고, 그 형식을 승인받기 위해 보고했더니 당장 나오는 말이 전례는 어떠했는지와 관례는 무엇인지였다.

"군사독재 시절인 박정희 대통령 시기에 전례를 찾아볼 수 있습니다. 그러나 그것을 관례로 보기는 어렵습니다. 임명

장과 포상은 대상자의 공적을 치하하는 자리인 만큼 대상자가 가장 빛나고 예우받을 수 있도록 만드는 것이 관례가 되어야 합니다. 미국의 경우 최고 훈장인 명예 훈장 수여자에게는 대통령이라도 먼저 경례하도록 규정되어 있다는 점도 참고했습니다."

그렇게 새로운 형식은 승인되었다. 이전 정부의 전례를 살펴보고, 다른 나라의 사례도 참고하면서 본질에 충실한 관례를 만들기 위해 노력한 결과였다.

모든 변화는 기존의 것에서 시작한다. 그러니 기존 형식과 내용을 얼마나 이해하는지가 새로운 것을 만들어내는 데 크게 기여한다는 사실을 꼭 기억하자.

100+ 새로운 대한민국
100대 국정과제 정책 콘서트

사례와 전례가 없다면 형식을 새로 만들어야 한다. 무엇을 어떤 그릇에 담아내느냐에 따라 가치가 변한다. 콘텐츠를 만들어내는 것보다 형식을 만들어내는 것이 어려운 일이지만, 어렵더라도 만들어내면 그것이 곧 사례가 되고 전례가 된다. 이후에는 새 형식에 맞추어 내용만 바꾸어도 된다.

문재인 정부는 2017년 5월 10일 인수위원회 없이 출범했다. 이전 정부의 공과를 평가하고, 새 정부의 정책 우선순위와 로드맵을 미처 준비할 시간도 없이 시작되었다. 대선이 끝나고 바로 다음 날이 집권 1일 차였다. 불가피한 일이었지만 인수위 기간이 없었다는 것은 두고두고 아쉬운 대목이다. 조금만 더 준비할 수 있었다면 조금 더 잘할 수 있지 않았을까 하는 후회가 일하는 내내 들었다.

처음 청와대에 들어갔을 때는 모든 것이 어수선했다. 당장 실무에 들어가야 했지만 인사에 필요한 검증 절차가 있었으므로 방문자 신분증으로 청와대에 출입할 수밖에 없었다. 사무실에는 이전 정부 때 서류들이 쌓여 있었고 인수인계도 없어서 어디에 무엇이 있는지 알 도리가 없었다. 청와대 본관과 여러 부속 건물, 회의실의 위치와 용도도 잘 몰라서 매번 회의 때마다 엉뚱한 장소에서 오지 않는 사람들을 기다리기도 했다.

언젠가는 청와대 경내를 살펴볼 요량으로 구석구석 돌아다니다가 길을 잃고 외곽 경비를 맡은 101경비단에 이끌려 돌아온 적도 있었다. 길이야 잃어버리면 지나가는 사람에게 물어볼 수도 있는 일이지만, 새 정부의 국정과제는 누군가에게 물어볼 일도 아니어서 낯선 환경에 적응하는 동시에 서둘러 준비해야 했다.

국정과제를 선정하고 우선순위를 정하는 일은 국정자문위원회가 맡았다. 국정자문위원회는 5월 17일부터 두 달 동안 부처별 업무보고, 간담회 등을 거쳐 대선 공약을 정리했다. 총 90여 차례 정부 부처 업무보고와 200여 차례 간담회를 거치면서 하나하나 완성해나갔다.

나는 선정된 국정과제를 어떻게 하면 국민에게 설득력 있게 전달할 수 있을지 그 방법을 만들어내야 했다. 이 일은 앞으로 어떤 과제들을 선정하고 어떻게 추진해나가겠다는, 당장의 사건이나 사고가 아니라 정책과 미래에 대한 것들이어서 국민의 관심을 끌어내기가 매우 어려웠다.

고민을 거듭하다 '정책을 세일즈하면 어떨까?'라는 생각이 들었다. 대선 캠프 때 중요 공약을 온라인 쇼핑하듯 국민이 선택하는 플랫폼을 만들어본 경험이 있었다. 물건을 구매하듯 자신이 좋다고 생각하는 정책을 구매하여 장바구니에 담는 일련의 과정을 통해 국민이 원하는 정책이 무엇인지 확인할 수 있었다.

선정된 국정과제를 장관, 민간 자문위원, 국회의원이 직접 나와 세일즈하듯이 직접 설명하는 형식을 만들어보자는 아이디어였다. 여기에 대통령도 주요 국정과제를 소개하고 그 의미를 설명하면 이전에 없던 '국정과제 보고대회'가 만들어질 수 있겠구나 싶었다.

구성은 정치, 경제, 사회, 지방분권, 외교·안보 등 다섯 개 분야에 걸쳐 문재인 대통령이 대선 당시 내걸었던 공약을 총망라하고, 국정기획위 분야별 분과위원장이 직접 나와 설명하는 것으로 확정하고 이를 현장 생중계를 통해 국민에게 전달하기로 했다. '국정과제 하나하나를 정책 책임자가 직접 영상과 프레젠테이션 자료를 통해 국민에게 생방송으로 알린다'는 콘셉트였다.

청와대 영빈관을 발표 장소로 정하고 무대를 디자인하는 것부터 시작했다. 대형 LED를 설치하고 발표 내용을 프레젠테이션 자료로 시각화하고 모든 수치는 인포그램으로 제작했다. 관련된 기대 효과는 CG를 사용해 따로 제작했고 생방송을 위한 중계 시스템도 준비했다. 모든 자료를 동일한 폰트와 페이지로 제작했는데 발표 내용이 워낙 방대하기도 했고 무엇보다 문재인 정부의 일체감 있는 모습을 구현하기 위해 필요한 작업이었다.

새롭고 놀랍고 그럴듯한 방법이었으나 문제는 이전까지 없었던 형식이니 발표자 대부분이 이런 형식을 잘 이해하지 못했다. 발표를 맡은 국회의원, 정부 관료, 민간 자문위원은 이러한 형식을 무척 낯설어했고 몇몇은 언짢은 기색을 보이기까지 했다. 청와대에서 너무 무리한 요구를 한다는 볼멘소리도 나왔다.

그도 그럴 것이 이전까지 이러한 행사들은 잘 정리된 자료를 전부 펼쳐 놓고 원고를 보면서 발표하는 형식이었다. 새로운 형식을 낯설어하는 상황은 이후에도 종종 겪게 되곤 했는데 아마 이때가 그 시작이 아니었나 싶다. 이후 몇 번의 경험이 쌓이면서 문제 해결 방법이나 설득 방법을 찾게 되었지만 당시는 처음이라 매우 당혹스러웠다. 하지만 이미 대통령께 행사 주요 내용과 형식을 보고했고, 대통령도 별반 말씀이 없었던 터라 그대로 밀어붙였다.

"발표는 주어진 시간 안에서 진행해야 합니다. 그러니 별도 원고 대신 요지를 적은 프롬프터를 사용하세요."

"포디움Podium(연설자가 올라서는 단)을 쓰면 원고를 보게 됩니다. 포디움은 아예 무대에서 내려놓겠습니다."

"시선을 잘 처리해야 합니다. 국민에게 이야기할 대목은 카메라를 보시고 자료를 설명할 때는 본인도 자료를 보세요."

"무대 동선을 미리 정해야 합니다. 가만히 있어도 불편해 보이지만 너무 움직여도 카메라가 따라가지를 못합니다."

사전 리허설이 꼭 필요하다고 설득하여 발표자 전원을 전날 영빈관으로 소집해서 한 명, 한 명 무대에 올려 리허설을 진행하기 시작했다. 당연히 생각대로 되지 않았고 여러 주의사항에 불만들이 터져 나왔다.

"아무리 대통령 행사라도 이거 바쁜 의원들, 장관들을 이렇게 뺑뺑이 돌려도 되는 거야?" 점점 날 선 말들이 들렸지만 꾹 참고 리허설을 진행했다. 하지만 나아지지 않았고 점점 귀찮아하는 모습을 보자 나도 화가 치밀어 올라 한마디 해야겠다 싶어 잠시 리허설을 멈추고 발표자들 앞에 섰다.

"지금 이게 누구 보라고 하는 것인지 생각해보세요. 국민 보라고 하는 거 아닙니까? 아니 이 정도도 준비 못 하면 누가 국정과제를 신뢰하겠어요? 아니 신뢰를 떠나서 누가 들으려고나 하겠어요? 국민이 정책에 관심을 가지게 만드는 것도 국정과제 선정만큼 중요한 겁니다. 이 정도도 국민을 위해 하지

못할 거면 그만두세요!"라고 말하려는 순간, 당시 국정자문위원회 부위원장을 맡고 있던 김태년 의원이 자리에서 일어나 나를 보며 말했다.

"아니 다들 바쁘지만 어쩌겠어요. 이렇게 해야 국민이 잘 이해할 수 있다면 그 말에 따라야지. 한번씩 더 해봅시다. 그리고 처음보다는 나아졌어요. 그렇죠?"

"네… 많이 나아졌죠. 조금만 더 하시면 되겠네요."

결국 그날 리허설을 몇 차례 더 하고 다음 날 추가적인 리허설까지 총 서너 차례 리허설을 진행할 수 있었다. 김태년 의원 덕분에 더는 볼멘소리가 나오지 않았다.

드디어 국정과제 보고대회 행사가 시작되자 많은 현장 참석자와 방송을 통해 행사를 본 국민은 새 정부의 정책 발표에 큰 박수를 보내주었다. 언론도 테드TED 형식의 정책 발표, 세련된 프레젠테이션이라는 칭찬을 아끼지 않았다. 새로운 형식의 탄생이었고 그럴듯한 그릇이 만들어진 순간이었다.

'쿠세'를
넘어

'쿠세くせ'라는 말이 있다. 나쁜 버릇, 습관이라는 의미로 주로
쓰인다.

누군가 "그건 탁현민의 '쿠세'지"라고 한다면 약간 빈정거
리는 투로 탁현민 류, 탁현민 풍, 탁현민 같은 스타일을 칭하
는 것이라 해석해도 무방하다. 어떤 분야에서든 나름의 성취
를 이루고 나면 그 사람과 작품에 대해 '류, 풍, 스타일'이라는
수식이 따라붙게 된다.

그런 표현이 쓰이는 대표적인 장르로는 영화가 있다. 영
화감독은 작품 수가 쌓이면 그만의 스타일이 반복, 재생된다.
제목도 모르고 영화를 보게 되었는데 여지없이 '찌질'한 남자
캐릭터가 등장하면 홍상수 감독이 떠오르고, 차마 말도 못 하
게 나쁜 남자가 등장하면 고 김기덕 감독이 반사적으로 생각
난다. 봉준호 감독 작품들은 영화를 보기 전 봉준호라는 이름

을 보지 않았더라도 '아! 이 영화는 봉준호구나' 싶은 구석이 있고, 그가 존경한다는 쿠엔틴 타란티노 감독 역시도 작품 면면에 일관된 점을 느낄 수 있다.

감히 비교하기는 부끄럽지만 내가 만든 공연과 행사, 이벤트 역시 다 만들어진 것을 놓고 보면 전작들과 비슷한 느낌이 들 때가 많다. 특히 지난 5년간 담당했던 국가 기념식과 의전 행사를 회고해보면 그때는 매번 새롭게 하겠다고 했지만 결국 많이 닮아 있었다. 내 냄새가 난다.

문학에 습작 과정이 있듯 기획과 연출도 연습 과정이 당연히 있다. 누구의 부사수로, AD로, 조연출로 일하는 기간이 그러한 과정인데 타고난 재능에 성의 있는 노력 그리고 가르쳐주는 선배의 경험이 더해지는 시간이다. 대부분 이 시간을 거치면서 PD가 되고 연출가가 되어간다. 경험해보니 이 과정은 때로는 길고, 혹독하고, 좌절이 일상이었다. 이 과정에서 정말 중요한 것은 배우겠다는 자세와 끝없는 노력… 이 아니었다.

실은 그보다 더 중요한 것이 있다. '나는 연출가다'라는 생각을 잃지 않는 것이다. 내가 일을 처음 배우겠다는 친구들에게 늘 해주던 말이 있다.

"'열심히 해보겠습니다. 뭐라도 시켜만 주세요. 시키시는 일은 뭐든 열심히 하겠습니다.' 이런 말이나 각오를 하지 말아

라. 너는 연출을 하고 기획을 하고 싶어서 여기에 왔다. 그렇다면 연출이나 기획을 해야지 거리에 포스터를 붙이거나 허드렛일을 열심히 하는 것은 별반 도움이 안 된다. 그 일을 열심히 하면 시간이 흘러 너는 포스터를 정말 잘 붙이는 사람이 되거나 잡일에 능통한 사람이 될 뿐이다. 내가 무엇을 하고 싶어서 여기에 있는지를 놓쳐서는 안 된다. 그것을 놓치는 순간 별로 하고 싶지 않은 일들이 너의 일이 되고 업무가 된다."

나는 시작부터 기획자였고 연출가였다. 엉망진창, 서툴렀지만 그렇게 시작했고 그렇게 성장했다. 처음이든 중간이든 다른 일은 하지 않았다. 하더라도 건성건성 했다. 내 정체성을 잃지 않기 위해 허황한 기획을 많이 했고, 부끄럽고 남사스러운 연출도 많이 했다. 하지만 어떤 경우에도 나는 연출가였다. 서사를 만들고 상징을 만들고 은유로 표현했다.

그렇게 연출가로서 내 정체성을 지켰기 때문에 지금 같은 '쿠세'가 만들어졌다. 일을 배우고 착오를 겪는 과정에서 하나씩, 때로는 여러 가지를 한꺼번에 알게 될 때도 있다. 망치로 머리를 맞은 것 같은 대단한 깨달음이 올 때도 있고, '아! 내가 이런 것도 몰랐구나' 싶을 때도 있다. 때때로 어떤 가르침은 엄청난 무게로 나를 때리는데, 그때 나 자신이 제대로 고정되어 있지 않으면 정확히 얻어맞지 못한다.

역설이지만 자신에게 '쿠세'가 생겼다는 건 실은 그 분야에서 분명한 색깔을 가지게 되었다는 뜻이다. 지난한 과정을 꽤 거쳤다는 의미다. 배움을 내화해 자기 것으로 만들었을 뿐만 아니라 외화할 줄 알게 된 것이다. 새로 발리고 덧칠되고 다시 발리고 뭉쳐지고 단단해진다. 이제껏 경험했던 것들의 총합. 비난하기 좋아하는 사람들은 단단하고 냄새나는 그것을 '쿠세'라고 말하고, 나 자신은 스타일이라고 말한다.

하지만 이것으로 완성인가. 그건 절대 아니다. 좋은 기획과 연출은 예측 가능하나 예상을 뛰어넘어야 한다. 이미 자기 스타일이 만들어진 기획자와 연출가일수록 '쿠세'를 벗어나기 위해 회의懷疑하는 것은 그래서 당연한 일이다.

사람들은 각각의 기획자, 연출가에게 기대하는 바가 있다. 누군가에게는 섬세함을, 누군가에게는 따뜻함을, 누군가에게는 거칠고 냉소적인 연출을 기대한다. 때문에 관객 기대에 부응하는 것은 당연히 해야 할 일이다. 그러나 성공적인 기획과 연출은 기대에 부응하는 것뿐만 아니라 기대 이상을 보여주어야만 한다. 기대 이상을 보여주려면 자기 관념을 부정해야 한다. 놀라운 기획과 새로운 연출의 출발점이 바로 그 지점이다.

이미 완성된 자기 세계관을 부정하고 이제껏 쌓아 올린 스스로의 성을, 껍질을, 생각을 부수는 일, 나를 부정하는 일, '익숙한 새로움'이 탄생하는 순간이다.

멋진 기획자가 되고 싶은가. 쿠세를 부정해라. 그래야 매번 새로운 시작이다.

당연한 것의
힘

광복절은 우리나라 유일한 경축식이다.

광복光復, '되찾은 빛'. 우리 국권과 국토를 회복한 날이라는 의미가 있다. 수많은 애국지사, 열사, 의사가 고초를 겪고 목숨을 버리면서까지 싸웠던 덕분이다. 이제 살아남은 애국지사들은 광복 79주년(2024년)을 기준으로 여섯 분밖에는 남지 않았다.

어느 해 광복절 기념식을 준비하다 '아니 광복절에 가장 존경받아야 할 사람들은 독립 유공자와 애국지사잖아?'라는 당연한 생각이 들었다. 통상 대통령이 참석하는 행사 주빈主賓은 대통령이어서 실제로 행사 프로그램을 결정할 때 대통령의 일정, 동선, 메시지를 중심에 놓고 기획하기 때문이다.

나는 새로운 게 아니라 당연한 걸 해보고 싶었다. 광복절 주인공은 대통령과 일반 국민이 아니라 광복을 위해 헌신했던 애국지사가 되어야 마땅하다고 생각했다. 적어도 이날만큼은 그렇게 해야 하지 않나 싶었다.

당연한 것을 당연하도록 연출하기 위해 모든 내빈이 착석을 마친 후에야 등장했던 대통령의 입장 순서를 바꾸었다. 대통령을 포함한 모든 내빈이 먼저 입장을 완료한 후 의장대 안내를 받아 생존 애국지사들이 행사장으로 입장하도록 했다.

작고하신 분께 드리는 포상 순서에는 연로하여 무대까지 이동이 어려운 애국지사 부인에게 대통령이 직접 내려가 무릎을 꿇고 훈장증을 수여하기도 했다. 이날 애국지사들은 경찰이 에스코트하여 모셔 왔고 돌아가시는 길도 모셔다드렸다. 대통령 메시지도, 자리 배치도 모두 그분들이 중심이었다.

이 당연한 기획에 대해 적지 않은 언론과 사람들이 새롭다고 평가했다. '쇼'하고 있다는 말도 당연히 있었지만 주로 긍정적인 반응이었다. 이날 기획은 여러 가지를 생각하게 해주었다. 새로운 게 아니라 당연한 걸 했더니 새롭다고 평가받은 점이 놀랍기도 했고, 광복절은 애국지사를 예우하는 날이라는 본질에 주목했더니 바로 그 대목에 감동했다는 평가가 나왔기 때문이었다.

본질적인 게 새로워 보이고, 당연한 것이 감동을 주다니 대체 이것은 무슨 까닭일까. 우리가 기획하고 연출을 할 때 본질에서 대체 얼마나 멀리 떨어져 있던 것일까. 돌이켜 보니

75주년 광복절 경축식 (2020)

목표에 접근하고 대상을 아름답게 꾸미기 위해 여러 장치와 장식을 꺼내오면서 기획은 산으로 가고 연출은 길을 잃는다. 본질이 사라진 자리에는 형식만 남는다. 시간이 좀 더 흐르면 형식도 거추장스러워져 대체 이걸 왜 하고 있는지 미궁에 빠진 행사들도 참 많다.

얼마 전 뉴스에서 어느 지방 도시 축제 이야기를 하면서 리포트 내내 축제 먹거리 장터 음식값이 비싸다는 이야기만 하는 것을 보았다. 물론 음식값이 비싸면 곤란하겠지만 그렇다고 축제 메인 프로그램이 먹자판인 것만은 아닐 텐데 주 행사는 언제부턴가 관심에서 사라지고 부대 행사만 남았고, 급기야 그 부대 행사마저도 엉망이 된 것이다.

요즘 정치 이벤트는 더 가관이다. 어묵 먹기 대회를 방불케 하는 전통 시장 방문 일정을 비롯해 선거철만 되면 반성과 사죄, 부복 퍼포먼스가 유치찬란하게 이어진다. 보수 정치인들이 5·18 민주화운동을 두고 벌이는 다양한 퍼포먼스들도 '참배 → 폄훼 → 사과 → 재발 → 다시 사죄 → 비하' 등의 순서로 무한 반복된다.

이걸 뉴스로 보여주니 매번 쳐다보는 것도 고역이다. 이게 다 본질을 탐구하지 않고 당연한 것을 당연하게 만들지 않아 생긴 일이다. 그저 유치한 이벤트로 본질을 숨기는, 싼 티 나는 연출이다.

만약 당신이 다루어야 할 주제 앞에서 어찌할 바를 모르 겠다면 우선 본질을 깊이 탐구해야 한다. 이전 방식에서 벗어 나 새로운 것을 만들고 싶다면 처음 기획 의도를 찾아봐야 한 다. 감동을 주고 진심을 전하고 싶다면 반드시 그렇게 해야 한다. 당연한 것들에 사람들은 당연히 공감한다. 그 공감이 감동과 진심으로 가는 가장 빠른 길이다.

청와대와 함께하는
메리 크리스마스

감동은 공감에서 나온다. 공감을 얻기 위해서는 가장 본원적인 감정에 주목할 필요가 있다. 여전히 우리가 그리워하는 사랑, 애틋함, 측은함, 포용, 이해… 각박한 시대일수록 더욱 그리워지는 감정을 불러 세운다.

그리고 무엇을 보태는 게 아닌 덜어내는 방식으로 연출한다. 화려한 오케스트라 대신 무반주 바이올린 하나로, 유명한 대중가수 대신 소박한 어린이 합창단으로… 다 덜어내고 남는 것, 그것이 결국 감정을 끌어 올린다.

미국 백악관에서는 이런저런 계기로 많은 예술인을 초청하여 공연과 파티를 연다. 공간 자체가 공연을 위해 만들어진 것이 아니고 워낙 오래된 건물이라 화려한 조명이나 음향 시설은 없지만, 백악관이라는 공간의 역사성과 권위는 그 모든 사양仕樣을 뛰어넘는 기능을 한다. 그래서 대통령과 함께 백악

71

관에서 공연을 관람하는 선정된 소수 인원의 특권은 종종 부러움의 대상이자 언론의 관심거리가 된다.

청와대에서도 그런 행사를 만들고 싶었다. 신년이나 송년 음악회, 훈장 수여식 세리머니를 장식하는 연주회, 임명장 수여식, 외국 대사들을 초청하는 파티와 행사, 특별한 공로를 세운 화제 인물이나 특정 직업인 등 일반 국민을 초청하는 행사까지 해보고 싶은 것이 많았다.

그중 어떤 것은 적절한 계기를 찾아 실행했지만, 대부분은 논의조차 해보지 못했다. 대통령이 감당해야 할 업무는 엄중한 것이 많았고, 1년 365일 중 마음 편히 행사에 참석할 수 있는 날은 정말 며칠이 되지 않았다. 만약 청와대라는 공간에 어울리는 소박하고 품위 있는 행사를 지속해서 만들어나갔다면 우리도 백악관이 부럽지 않았을 텐데 하는 아쉬운 마음이 든다.

문재인 정부 시기 가장 그럴듯했던 청와대 공연은 집권 이듬해 있었던 '청와대와 함께하는 메리 크리스마스' 행사에서 있었다. 본관 계단 앞 로비를 객석으로, 중앙 계단을 무대로 해서 연주된 15분 남짓한 짧은 공연이었지만 내게는 그 공연이 가장 완벽했던 청와대 공연이었다.

대단한 무대도 없었고, 대단한 장치도 없었다. 그냥 청와대를 상징하는 본관 건물에서 아무런 음향 장치 없이 건물 울림과 계단을 이용한 합창 공연이었다. 참석자들은 모두 서서

이 짧은 공연을 지켜보았다.

이날 행사는 대통령이 우리 사회의 기부·나눔 단체들을 초청하여 다과를 곁들인 간담회 자리였다. 통상 연말이 되면 가장 대표적인 자선단체인 사회복지공동모금회를 청와대로 초청해 대통령이 금일봉을 전달하고 연말 기부 문화 확산을 위한 배지인 '사랑의열매'를 착용하는 행사가 열려왔었다.

우리는 그 행사를 좀 더 확대하고 주목받게 만들고 싶었다. 다양해진 우리 사회 변화만큼이나 기부·나눔 단체들도 지원 대상, 종교, 지역별로 많아졌다. 그 모든 단체에 연말연시는 총력을 기울여 기부금을 모금해야 하는 중요한 시기이니 대통령이 직접 그들을 청와대로 초청해 가능하면 많은 사연과 사진을 만들어 각 단체 모금 활동에 도움이 되자는 취지였다.

이를 위해 처음으로 사회복지공동모금회뿐 아니라. 구세군, 굿네이버스, 나눔국민운동본부, 대한결핵협회, 대한적십자사, 바보의나눔, 세이브더칠드런, 월드비전, 유니세프, 초록우산 어린이재단, 푸드뱅크, 푸르메재단, 한국국제기아 대책기구, 한국해비타트 등 15개 단체 대표자와 각 단체 홍보대사들을 청와대로 초청했다.

대통령과 여사님은 크리스마스트리가 장식된 본관 로비에서 이들과 만나 인사를 나누고 각 단체 로고 앞에서 사진을 찍고 기부금을 전달했다. 그리고 초청한 어린이 합창단 크리스마스캐럴 연주를 함께 들었다. 이날 행사가 그럴듯했던 이유는 청와대 내 가장 상징적인 공간에서 크리스마스라는 특별한 시점에 선정된 참석자들만을 대상으로 공연했다는 사실에 있다. 다른 어디에서도 들을 수 없는 특별한 행사였다는 점에서 모두 감동했다.

기획자로서도 다른 사람을 돕기 위해 헌신하는 사람들을 관객으로 모셨기에 뜻깊은 시간이었다. 보다 많은 사람의 기부와 자선을 위해 만들어진 그 자리에서 크리스마스 음악을 함께 들으며 모두가 따뜻한 겨울을 보냈으면 하는 메시지를 담았다. 소박하지만 품위 있고 아름다운 시간이었다.

크리스마스에는 축복을
크리스마스에는 사랑을
당신과 만나는 그날을 기억할게요

헤어져 있을 때나 함께 있을 때도
나에겐 아무 상관 없어요
아직도 내 맘은 항상 그대 곁에
언제까지라도 영원히

나눔으로 더 따뜻하게, 청와대의 특별한 성탄 준비(2018)

직관과
객관화

직관에 관한 이야기다.

국어사전은 직관을 경험이나 추리로 판단하는 것이 아니라 대상을 직접적으로 파악하는 것이라 정의한다. 알쏭달쏭한 말이다. 단어의 본뜻이 궁금할 때 사전을 찾아보곤 하는데 그때마다 '아하!'보다는 '어?' 하는 경우가 많다.

일상에서 사용하는 단어와 사전에서 정의하는 단어 뜻이 종종 다른 이유는 실제로 삶에서 쓰이는 단어가 사전에서 규정한 것보다 훨씬 넓고 다양하게 사용되는 까닭이 아닐까 싶다. 때로는 중의적으로 때로는 반어적으로 때로는 입체적으로 우리는 사전 속 단어들로 말을 만든다.

직관은 경험이나 추리가 아니라고는 하지만 사람들은 어떤 대상이나 현상을 경험과 추리를 바탕으로 판단하는 경우가 많고 이를 종종 직관이라 말하고 쓴다. 객관적 사실이나 입증된 논거에 기반하기보다 오직 인상과 각자 생각만으로 판단하는 이유는 무엇일까. 아마도 누구나 자기가 거쳐온 삶을 나름의 결론으로 가지고 있기 때문이 아닐까. 이미 겪었던 일과 비슷한 경우를 만나고, 그때 가졌던 감정까지 더해지면 웬만한 논리로는 설득이 어려운 확신이 되어버린다.

문제는 이것이 매우 자주 틀린다는 것이다.

뚱뚱한 사람은 게으르다 / 나이 든 사람은 늘 나를 가르치려 든다 / 젊은 사람들은 자기밖에 모른다 / 전라도 사람은 거짓말에 능숙하고, 경상도 사람은 마초이고, 충청도 사람은 답답하고, 서울 사람은 약삭빠르다.

성별, 외형, 지역, 나이에 따라 일반화하거나 오직 자신의 경험과 추리로 판단하는 '틀린 직관'은 편견을 기반으로 했거나, 근거가 박약하거나, 실제 경험하지 못한 것을 경험한 듯 착각한 결과다.

연출하는 사람이나 기획하는 사람은 이런 잘못된 직관을 경계해야 한다. 특히 모든 일의 최종적인 책임을 져야 하거나 최종적인 결정을 내려야 하는 처지에 있는 사람일수록 더욱 그래야 한다. 하지만 책임과 결정 권한을 가진 사람일수록 잘못된 직관을 지나치게 믿고 자기 경험에 비추어 모든 것을 판단해버리는 경우가 많다. 결국 이렇게 되면 책임져야 할 때 책임지지 못한다. 실수를 부를 수밖에 없게 된다.

그러니 내 편견과 오류를 극복하고 잘못된 직관에서 벗어나기 위해서는 무엇이 필요할까.

내가 자주 꺼내는 일화 중에 퇴임한 앙겔라 메르켈 독일 총리와 만났던 이야기가 있다. 대통령 임기 말 어느 국제회의에서 그녀에게 오랜 세월 훌륭하게 총리직을 수행할 수 있었던 비결이 뭐냐고 묻자 그녀는 말했다.

"남의 말을 많이 들었습니다."

다시 물었다.

"그것 말고 다른 비결은 없었나요?"

"시간이 나면 남의 말을 더욱 많이 들었습니다."

타자의 말을 듣는 것은 자신을 객관화할 수 있는 매우 요긴한 방법이다. 자기 생각, 판단, 근거는 남의 인식을 통해 확인할 수 있으며 내가 가진 견해가 나만의 편견인지 모두가 공감할 수 있는 것인지도 알 수 있게 된다. 무엇보다 절대 혼자서는 알 수 없었을 다른 세계와 다른 가치들을 만날 수 있게 된다.

자기 혼자 말을 많이 하는 사람들의 공통점은 웬만해선 남의 말을 듣지 않으며, 듣더라도 생각하지 않고 결국은 자기 뜻대로 결정한 뒤 그 책임은 모두가 나누어 지도록 한다는 데 있다. 남의 말을 듣는 것은 가장 손쉽고 분명하게 잘못된 직관을 수정하는 방법이다.

나는 틈나는 대로 남의 말을 들으려고 노력하는 편(이라고 생각하는데)인데, 어느 날 유튜브 콘텐츠 〈탁현민의 오바타임〉에서 같이 일했던 담당 PD가 내게 말했다.

"당신은 남의 말을 잘 듣기는 하는데, 듣기만 하잖아요!"

듣는 것까지는 어떻게든 하겠는데 내 생각과 다른 의견들 앞에서는 대체 어떻게 해야 할까. 일 잘하기가 이렇게 어렵다. 각자 방법을 찾아야 할 대목이지만 내 방법을 소개하자면 의견을 들어보고 '내 기분'이 나빠지면 결정에 반영하려고 한다. 기분이 나빠진다는 것은 내가 미처 몰랐던 대목이 있기 때문이리라….

반성한다. 남의 말을 잘 듣자.

〈탁현민의 오바타임〉 마지막회, '잘 가(지마)'

완판의 추억

새로운 아이디어는 대화 중에 불쑥불쑥 등장할 때가 많다. 아무리 위대한 기획자라 해도 자신의 관념과 세계관 안에서 고민하기 때문에 자유롭고 새로운 무엇은 다른 사람, 어린 사람, 경험 없는 사람들과의 대화에서 나올 때가 많다. 그들의 생각을 곧장 현실에 적용하지 못하더라도 새롭다는 것만으로 충분히 의미가 있으니, 혼자 머리를 쥐어짤 시간이 있으면 그 시간에 다른 사람들과 이야기를 나누고 말도 안 되는 말들에도 귀를 기울이자.

'농업인의 날'은 국가 제정 기념일이지만 그다지 중요하게 취급받지 못해왔다. 농업 인구도 줄고 농산물에 대한 소비도 예전 같지 않다. 요즘은 농업을 그다지 중요하지 않게 여기지만 식량 주권, 식량 안보 차원에서 조금만 살펴봐도 매우 중요하다는 사실을 알 수 있다.

그런 까닭에 정부 차원에서 농업인을 위로하면서 농업을 고무하는 행사가 필요했다. 하지만 대통령이 참석하는 농업인의 날 행사를 기획하는 일은 처음이었고 행사를 진행할 장소도 마땅치 않았다. 추수가 끝나 을씨년스러운 벌판에서 기념식을 하는 것도 이상하고 과잉생산된다는 쌀 창고 앞에서 행사를 하기도 무엇하고 해서 적당한 장소를 찾아 전국 여러 곳을 둘러보았다.

모처럼 만에 크게 열리는 기념식이니 참석하기를 원하는 사람들이 넘쳐났고 이래저래 애로가 많았다. 이럴 때는 현장에 있는 농업인의 의견을 구하는 것이 좋은 방법이겠다 싶어, 농림축산식품부 관계자들과 농업인들을 직접 만나 기념식 행사장으로 어디가 좋을지 물어보았다. 그랬더니 의외로 아주 엉뚱한, 생각지도 못했던 장소가 튀어나왔다.

청와대였다.

농업인은 물론 농축산부 공무원과 농협을 비롯한 관계 기관 사람들은 아무래도 주요 부처가 아니다 보니 그간 청와대를 구경할 일이 없었고, 그래서 자기들도 청와대에 한번 가보고 싶다는 푸념이었는데 듣는 순간 멋진 아이디어다 싶었다.

청와대 공간 중 영빈관과 대정원은 조선 시대 경복궁 후원으로 임금이 직접 농사를 지었던 친경전親耕田과 팔도의 농사 풍흉을 살피던 '팔도배미(우리나라 팔도 모양을 따라 여덟 배미 논을 만들어놓고 임금이 몸소 농사를 지었던 데서 유래된 이름)'가 있었던 곳이기도 했고, 여전히 국가 최고 권력기관이 자리하고 있으니 현장을 가는 것보다 청와대에서 행사를 하는 것도 좋을 듯했다.

행사 장소를 청와대로 정하고 세부 프로그램 구성에 들어갔다. 국민의례, 기념사, 훈·포장 수여 같은 반드시 들어가야 하는 순서들을 넣고 나니 가장 먼저 우리 농업의 미래인 스마트팜이 떠올랐다. 그런데 장소가 청와대다 보니 스마트팜을 영상으로 보여줄 수밖에 없었다. 영상도 나쁘지는 않지만 짜인 각본대로 촬영을 하고 LED를 통해 보는 것은 아무래도 생동감이 덜하고 너무 익숙한 방법이라 다른 형태를 찾아야 했다.

그러다가 당일 행사를 아예 생방송으로 만들고 촬영팀 하나를 스마트팜에 보내서 현장을 연결하는 〈6시 내고향〉 같은 형태로 행사를 구성하고 싶어졌다. 전북 김제 토마토와 부안 우리밀 스마트팜에 중계차를 보내 본 행사 도중 사회자와 현장을 연결해 현장 모습을 보여주는 것으로 결정했다. 여기에 행사 성격에 맞추어 축하 공연으로 〈팔도유람가〉와 우리 판소리를 연주하는 팀을 섭외했다.

그런데 역시 뭔가 좀 허전했다. 어쩌면 다시는 없을(내가 기획할 일이 없을) 농업인의 날 기념식일 텐데 싶어 좀 더 보탤 만한 것이 없는지 고민했다. 그렇게 관련 콘텐츠를 살펴보는 회의 도중에 요즘 쌀이 너무 안 팔리는데 기념식이 끝나고 나면 쌀이 좀 더 팔렸으면 좋겠다는 바람을 들었다. 듣자마자 '이거다!' 싶었다. 전국의 쌀을 컬래버레이션해 패키지로 묶어 기념식 생방송과 연동한 홈쇼핑에 소개하고 '완판'해보기로 했다.

농업인의 날 기념 특별상품으로 '팔도 제일미'를 만들었다. 경기 해들, 강원 오대, 전북 신동진, 전남 새일, 충남 삼광, 충북 참드림, 경남 영호진미, 경북 일품 등 각지에서 생산한 고품질 품종을 모은 쌀을 두 가지 패키지로 디자인해 기념식 시작과 함께 판매를 시작했다. 기념식 중간 중간 사회자가 판매 현황도 소개하고 즉석에서 스마트폰을 꺼내 주문하는 이벤트도 하다보니 대통령 연설전에 '완판' 사인이 떴다. 짜릿한 순간이었다.

농촌은 우리의 영원한 고향입니다. 농업은 우리의 생명이며, 농민은 우리의 어머니이고 아버지입니다. 농촌과 농업, 농민을 지키면 그 어떤 어려움도 극복할 수 있습니다. 들판의 씨앗이 자라 곡식이 되고 나무로 크듯이 우리 모두 정성을 다해 농업을 살피면 그만큼 대한민국은 열매를 맺고 성장할 수 있을 것입니다.
— 제25회 농업인의 날 기념식 대통령 기념사 중에서

제25회 농업인의 날 기념식(2020)

고고학자가 되거나
연금술사가 되자

아이작 뉴턴Isaac Newton이 1676년 로버트 훅Robert Hooke에게 보낸 편지에는 이런 구절이 있었다고 한다.

> 내가 더 멀리 보았다면 이는 거인들의 어깨 위에 서 있었기 때문이다(If I have seen futher, it is by standing upon the shoulders of giants).

당대의 우리는 모두 누군가의 어깨 위에서 세상을 바라본다. 새로운 지평地平은 이전 시대 경험, 축적된 지혜, 실패했던 사례들을 통해 비로소 바라볼 수 있는 것이다.

우리 시대 정서는 이전 시대 정서와 깊이 연관되어 있다. 시작과 끝은 맞닿아있고, 끝이 없는 시작도 시작이 없는 끝도 있을 수 없다. 문화·예술도 마찬가지다. 대중음악의 새로움은 비틀스와 마이클 잭슨에게 큰 빚을 지고 있다. 우리가 고전이라 부르는 문학, 음악 등 모든 장르의 예술 역시 여전히 당대 대중예술에 지속적으로 영향을 주고 있으며 분석되고 재해석되며 만들어져왔다.

새로운 생각, 누구도 떠올리지 못한 그림을 그리고 싶다면 원형을 탐구하는 욕심 많은 고고학자가 되어야 하고, 그것을 조합할 줄 아는 뛰어난 연금술사가 되어야 한다.

초기 고고학자들은 보물 사냥꾼과 구별되지 않았다. 옛것을 좋아하는 골동품 수집가들이었다.《고고학의 역사》를 쓴 브라이언 페이건은 옛 인류를 만나게 해주는 고고학은 골동품을 수집하고 그 안에 담긴 이야기를 좋아하는 것에서부터 시작되었다고 설명한다. 욕심내고 경쟁하며 물건을 수집하고 배경을 학습하는 것, 새로운 것을 발견하거나 만들거나 기획할 때 반드시 선행되어야 할 과제다.

내가 수행했던 일 중 원형을 중요시하는 일로는 '의전 행사'가 있었다. 특히 해외 다른 나라들의 의전은 중세와 근세 형태를 유지하는 곳이 많았다. 이탈리아, 영국, 오스트리아, 프랑스, 스페인… 이런 나라에 가면 공식 환영식부터 오찬, 만찬, 심지어 기자회견을 위한 장소만으로도 기가 팍 죽는다. 몇백 년은 기본이고 대략 로마 시대까지 거슬러 오르는 역사적인 장소에 서면 거기에서 일어났을 수많은 사건에 대한 경외감으로 온몸이 부르르 떨렸다.

모든 연출을 인력과 규모로 만들었어야 했던 옛 시대 의전 행사 재연은 놀라웠다. 프랑스 국빈 환영식에서는 기마대에 대포까지 끌고 나와 예포를 21발 쐈고, 바티칸에서 교황을 만날 때에는 그 유명한 미켈란젤로가 디자인했다는 예복을 입은 스위스 근위대의 사열을 받기도 했다. 이런 나라들은 다만 오래되었다는 이유만으로 방문국 관계자들을 위축시키는 것이 아니다. 모든 행사 사이마다 부여된 의미와 역사에 넋을 잃게 된다.

예컨대 통상 국가원수가 방문했을 때 환영 의미로 발포되는 21발 예포의 경우, 1522년 프랑스 왕 프랑수아 1세가 영국을 방문했을 때를 그 시작으로 본다. 영국에서는 17세기까지 왕이나 국빈이 방문하면 예포를 41발 발사했는데 20세기에 이르러서야 이것을 21발로 줄였다고 한다. 이후 오늘날 대부분의 나라가 국빈 방문 시 21발을 쏘지만, 영국은 국가원수급이 방문하면 41발을 발사한다. 이를 통해 영국이 전 세계 예포 의전 종주국임을 멋지게 보여준다.

바티칸시티에서 교황을 만나기 위해서는 연이은 회랑과 방들을 통과해야 한다. 긴 창을 들고 에스코트하는 근위대를 따라가다 보면 수행원들이 대기하는 방이 나오고, 이곳을 지나면 영부인이 대기하는 방이 나온다. 마지막에 가서야 대통

령이 홀로 교황을 만나는 방이 있다. 지난 몇백 년간 교황은 상대를 영접하러 나오지 않았고 이 마지막 방에서만 접견을 했다. 어느 나라 국가원수가 오더라도 마찬가지였다.

스페인에서는 대통령 내외, 근접 경호, 의전 담당자만을 위한 영빈관을 별도로 제공받았다. 우리가 묵었던 영빈관은 프라도 미술관에서도 볼 수 없는 문화재급 작품들이 방마다 걸려 있었고, 전실과 본실, 후실로 연결되는 스페인 궁정의 화려함이 잘 구현된 곳이었다. 스페인 영빈관은 방마다 담당관들이 있었고 칼을 찬 의장대원들이 밤새워 지키고 서 있었다. 이쯤 되면 대한민국 의전은 그냥 날로 먹는 것이나 다름없다.

유럽 각국 의전 양식이 그저 옛것을 그대로 재현하는 데 그치는 것은 아니었다. 제국주의 시절부터 시작되었을 화려한 의장 행사, 값을 매길 수 없는 진귀한 예술 작품들, 그 사이에는 최신 보안·경호 시스템과 현대식 호텔 서비스가 구현되어 있었다. 우리를 태웠던 마차, 롤스로이스, 캐딜락에는 영화 〈007〉 시리즈에서나 봤을 법한 특수 장치들이 있었고, 복각된 전통 양식은 모두 첨단 장비로 운용되고 있었다. 그 모든 것이 더 오래 보존하고 더 편하게 사용하고 더 다양하게 기능하도록 설계되어 이들의 역사는 계속해서 업그레이드되고 있구나 싶었다.

그것은 연금술 같았다. 주어진 몇 가지 화학적 소재들을 가지고 금과 은과 늙지 않는 영약을 만들려고 했던 노력 말이다. 물론 중세 연금술사는 금도, 은도, 영약도 만들어내지 못했지만 21세기 유럽 나라들은 이미 새로운 것을 만들고 있었다. 역사와 전통 그리고 신문물을 결합해 대항해시대와 제국주의 시대를 이은 다음 시대를 꿈꾸고 있었다. 자신들의 역사를 이야기로 만들고 여기에 새로운 기술을 더해 미래를 만들고 있었다.

　　유적을 발굴하는 고고학자의 성실함과 새로운 시도를 두려워 않는 연금술사의 실험 정신으로 그들이 발견한 지혜의 어깨 위에서 새로운 무엇을 찾는 것, 그것이 바로 기획이다.

스페인 국빈 방문 공식 환영식(2021)

특별한 국빈 환영식

창덕궁에서 열린 인도네시아 대통령 공식 환영식

대한민국 국빈 환영식은 청와대 대정원에서 열려왔다. 대통령 직·주 공간인 청와대는 이승만 대통령 때부터 사용되었지만 원래는 일제강점기였던 1937년 조선 총독 관저가 시작이었다. 이후 광복을 맞은 1945년에는 미군 사령관으로 주둔한 존 R. 하지 중장이 거주했고, 이어 1948년 8월 15일 이승만 대통령이 취임하면서 '경무대'가 되었다. 그리고 다시 1960년 4·19혁명으로 이승만 대통령이 하야하고 윤보선 대통령이 취임하면서부터 드디어 '청와대'라는 이름을 갖게 되었다. 이후 문재인 대통령 때까지 대한민국 역사와 정치에서 가장 상징적인 공간이 되었다.

국빈 환영식이 열리던 청와대 대정원은 본관 앞에 조성된 공간으로 애초에는 헬기 이착륙장 용도로 설계되었지만, 본래 용도와 함께 각종 사열 행사나 기념식 장소로도 이따금 활용되었다. 하지만 본관 건물을 제외하고는 이렇다 할 부속 시설이 없는 넓은 잔디 마당이기 때문에 행사를 할 수는 있어도 스토리텔링은 없는 공간이었다. 하기야 애초 용도가 달랐으니 특별한 이야기가 있을 수 없었다.

유일한 장점은 국빈 환영식이 끝나고 곧바로 청와대 본관으로 이동해 정상회의나 회담을 열 수 있다는 점과 대기할 수 있는 공간이 있다는 점이 전부였다. 잔디 마당 역시 잘 가꾸고 관리하기는 했지만 예포를 쏜다거나 정해진 의식에 더해 특별한 의장 행사를 할 수 있는 여유는 없었다. 3군 의장대와 군악대, 전통의장대 사열 정도가 가능한 규모였다.

그래서인지 임기 초에 확인했던 국빈 환영식 시나리오는 매우 간단했다. 먼저 청와대 본관에 차를 타고 온 방문국 정상이 도착하면 우리 대통령 내외가 환영하고 바로 대정원으로 가서 대통령께 대한 경례곡(상대 국가 → 우리 국가)을 연주한다. 이후 두 정상만 하단下壇하여 의장대를 사열하고 사열이 끝나면 양국 수행원과 인사하고 바로 본관으로 입장하여 방명록에 서명한 후 회담에 들어가는 것이었다. 전체 시간으로 따지면 20분 남짓 걸렸다.

새로운 장소를 찾기가 난망하여 일단 이 형식에 변화를 주었다. 정상이 청와대에 도착하기 전 분수대 앞에서부터 취타대를 앞세운 우리 전통의장대가 정상 차량을 에워싸고 인도하여 청와대 정문까지 에스코트하고, 청와대 본관 앞에서 우리 정상 내외 주변으로 방문국과 우리나라 어린이들이 정상을 환영하는 작은 세리머니를 준비했다. 양국 어린이들이 앞으로도 오랜 인연을 이어가길 바라는 마음이었다.

이후 우리 전통의장대가 각색 깃발을 하나씩 열어젖히며 두 정상을 사열대까지 인도하고, 사열대에서는 기존과 동일한 형식으로 진행하는 방안이었다. 실제로 이 형식은 문재인 대통령의 임기가 끝나는 날까지 그대로 운용했다. 그러나 딱 한 번 청와대가 아닌 다른 공간에서 국빈 환영식을 기획하고 실행했던 적이 있다. 방문국은 인도네시아였고 장소는 창경궁이었다.

우리 전통 궁궐에서 하는 국빈 환영식은 꼭 한번 시도해보고 싶었던 일이었다. 프랑스 엘리제궁전이나 마드리드에 있는 스페인 왕궁, 영국 버킹엄궁전 등 유럽의 여러 나라는 꼭 입헌군주제를 채택한 국가가 아니더라도 자국의 문화유산인 왕궁에서 행사를 진행하는 경우가 적지 않다.

왕궁에서 하는 행사는 그 나라의 오랜 전통과 필연적으로 연결되어 있고 궁 안에 다양한 시설을 추가로 사용할 수 있다. 게다가 모든 시설이 국보나 문화재급이니 상대 국가를 예우하기가 매우 적절하고 무엇보다 우리 문화의 우수성과 아름다움을 공간 그 자체만으로도 보여줄 수 있으니 여러모로 좋은 선택이었다.

실제로 박정희 정부 때까지는 공식 환영식은 아니었어도 여러 다양한 행사를 경복궁이나 창경궁에서 진행한 바가 있다. 심지어 경회루에서는 대통령 취임 리셉션이 있었고 경복궁 안에 청와대 경비를 담당하는 군 시설까지 있었으니 오히려 지나칠 정도로 활용하기도 했다. 그래서였는지 민주화 이후 문민정부, 국민의정부, 참여정부 등을 거치면서 우리 궁궐에서 하는 국가 행사는 지양되어 왔다.

나는 무분별한 사용과 훼손은 안 되지만, 국가를 대표하는 건축물로서 주요 국가 행사에 경복궁, 덕수궁, 창덕궁 등을 사용하는 것은 괜찮다고 생각한다. 특히나 정상급 행사나 국제 행사는 공간 자체가 훌륭한 스토리가 되고, 그 장면이 국내외 언론을 통해 보도되면 관광 효과와 홍보 효과가 생기기 때문에 여러 측면에서 잘 사용하는 편이 사용하지 않는 편보다 득이 크다.

당시 인도네시아 조코 위도도 대통령은 두 번째 한국 방문이었고, 이미 청와대에서 공식 환영식을 한 번 했었기 때문에 장소 변경에 대한 긍정적인 검토가 가능했다. 또 앞서 언급한 여러 장점을 보고하여 드디어 유네스코 세계문화유산이자 가장 아름다운 우리 궁궐로 꼽히는 창덕궁에서 국빈 환영식을 기획할 수 있게 되었다.

창덕궁 국빈 환영식은 다양한 볼거리와 구성으로 만들어졌다. 환영식에 공연 순서를 넣어 창덕궁 인정전 앞에서 가인전목단(궁중무용)을 관람하는 순서도 넣었고, 정상들이 창덕궁 후원 부용지(연꽃이 아름다운 연못)를 방문하기도 했으며, 창덕궁 영화당映花堂에서는 티타임을 따로 가졌다.

환영식은 인도네시아 정상이 창덕궁에 도착하는 것으로 시작했다. 취타대 환영 나발 연주를 시작으로 전통의장대장의 안내를 받아 창덕궁 금천교를 건넜다. 이후 인정전으로 들어가기 전 의장대 사열과 양국 국가가 연주되는 순서였다.

조선 시대에 창덕궁이 외국 사신을 영접한 장소로 쓰인 적이 있으니, 200여 년 만에 다시 외교 공간으로 사용된 셈이었다. 양국 정상과 수행원들은 창덕궁 인정전에서 공연을 관람한 후 인정전 내부를 살펴보기도 했다. 정상이 환담한 영화당은 후원 입구 부용지에 마련된 정자인데, 여기서 왕이 입회하는 과거 시험이 개최되기도 했다는 사연을 문재인 대통령이 설명하기도 했다.

뜻밖에 특별 환대(?)를 받은 인도네시아 대통령과 수행원들은 매우 좋아했다. 특별한 환영식도 그렇지만 그보다 인도네시아에 대한 대한민국의 배려를 느낄 수 있었다면서 내게 인도네시아 방문 시 제대로 대접하겠다는 약속을 하기도 했다. 행사 기획자로서 매우 뿌듯했던 순간이었다.

하지만 이 창덕궁 국빈 환영식은 그 한 번으로 막을 내렸다. 방문국은 물론 내부에서도 평가가 나쁘지 않았고 국민 여론이나 대다수 언론도 좋게 보았지만, 행사 이후 내가 사직하게 되었고 그 이후에는 코로나19가 시작되면서 외교 행사 자체가 사라졌기 때문이다.

[P.S.]

이 글을 쓰기 얼마 전 용산 국방부 연병장에서 국빈 환영식을 하는 모습을 보았다. 전통의장대는 사라져 보이지 않았고 의례와 형식은 다시 예전으로 돌아갔다. 우리 대통령과 담당자들은 용산 국빈 환영식에 어떤 의미와 이야기가 있다고 상대국에 설명하고 있을지 참 궁금하다. 요즘 새롭게 생긴 순서가 하나 있다는 이야기도 들었다. 공식 환영식에 앞서 리셉션이 있고, 거기서 행사 시작 전에 술 한잔하는 새로운 형식을 만들었다는….

인도네시아 대통령 국빈 방한 공식 환영식(2018)

원하는 대로,
꾸준하게

네가 원하는 대로 연주하면 된다는 거야. 세상이 무엇을 원하는지, 그런 건 생각할 것 없어. 연주하고 싶은 대로 연주해서 너를 세상에 이해시키면 돼. 설령 15년, 20년이 걸린다고 해도 말이야.

— 델로니어스 몽크Thelonious Monk

복잡한 화성, 불협화음, 듣기 어려운 소리의 집합, 예측 어려운 멜로디와 리듬… 재즈에 대해서 함부로 아는 척하기 두렵지만 이러한 특질은 몽크 음악을 이야기할 때 빠지지 않는 평가다. 그러나 여기서 몽크 음악을 이야기하고 싶은 것은 아니다. 다만 그가 했다는 이 말을 소개하고 싶어서다.

"연주하고 싶은 대로 연주해서 너를 세상에 이해시키면 돼."

창의적인 일에 대한 깊은 오해가 있다. '대중의 기호와 시대의 요구대로 만들어내는 것이 어렵지, 자기 내키는 대로 하는 것이 뭐가 어려워'라는 생각이다. 그러나 정확히 반대다. 자기 뜻대로 사는 것은 쉽지 않다. 많은 것을 포기해야 하고 등져야 한다. 차라리 남들에게 맞추며 사는 게 여러모로 쉽고 안전한 법이다. 창의적인 일을 할 때 시대, 대중, 클라이언트 요구대로 하는 게 내 뜻대로 하는 것보다 한결 쉽다. 남의 요구에 부응하는 것은 관록과 기술로 충분히 가능하다.

자기 뜻대로 하는 것은 관록과 기술에 더해 영감과 의지 그리고 확신이 필요하다. 이렇게 내 마음대로 만들어진 것들은 처음에는 낯설고 불편하고 껄끄럽다. 대중의 요구가 반영되지 않으면 더욱 그럴 수밖에 없다.

간혹, 아주 간혹, 이렇게 만들어진 창작물들이 탄생 즉시 엄청난 호응을 불러일으키는 경우도 있지만, 대개는 대중이 수용하기까지는 시간이 걸린다. 몽크가 "15년, 20년이 걸려도"라고 말한 대목은 창작자의 끈기를 강조했다기보다는, 창작물이 대중과 시대로부터 받아들여지는 시간을 말한 것이라고 이해해도 좋다.

나는 국가 행사를 기획하면서 내 마음대로 한 적이 많지 않다. 적당히 타협했고 다른 의견을 반영하려고 노력했다. 기념식 실시간 생방송이 끝나면 그 즉시 언론 분석 기사가 나왔다. 정치적 이해에 따른 호평과 악평도 함께 쏟아지기 때문에 웬만하면 어느 한쪽에 치우치지 않으려 했다.

하지만 딱 한 대목에 있어서는 고집을 부렸고 타협하지 않았다. 아니 타협할 수 없었다. 내 생각대로 밀어붙였다. 그 것은 국가 행사 애티튜드에 관한 것이었다. 이전 정부 때까지 국가 행사는 국민 개개인이 국가를 위해 헌신과 희생하는 것을 당연하게 생각했다.

현충일 추념식은 국가를 위해 기꺼이 목숨을 바친 영웅들의 이야기보다 그렇게 지켜낸 '대한민국'이 중심이었다. 농업인의 날 기념식은 농사일이 얼마나 국가 발전에 기여했는지를 치하하는 자리였다. 그런 식이었다. 그러다 보니 개인의 희생은 영웅적 헌신으로 포장되었고, 국가 행사는 하나 마나 한 장광설을 늘어놓는 지루한 자리가 되었다.

내가 끝까지 고집을 부린 것은 국민이 국가에 무엇을 했는가보다는 국가가 국민을 어떻게 위하는지 보여주어야 한다는 것이었다. 국가 행사는 국가가 국민의 헌신, 노고, 희생, 상처를 위로하는 자리여야 한다고 주장했다. 그러기 위해서는 '국가 > 대통령 > 영웅 > 국민'이라는 등식을 버려야 했다. 경우에 따라서는 영웅이 모든 것보다 우선이어야 했고, 국민이 가장 앞자리에 놓여야 할 때도 있었다.

이러한 접근은 논리적으로 설득하거나 설명을 들으면 그

럴듯해 보이지만, 막상 현장에서 구체적인 장면으로 연출해야 할 때는 수많은 반대와 싸워야 했다. 대통령이 참석자보다 먼저 자리에 도착하는 것, 대통령 좌우에 국방부 장관이나 합참의장이 아니라 일병을 앉히는 것, 대통령 내외가 중소기업 박람회에 가서 축사를 하는 것이 아니라 일일 판매원이 되는 것, 졸업식에 대통령이 단하로 내려와 전체 졸업생과 악수하고 기념사진을 찍어주는 것. 이런 모습들은 그러한 싸움의 결과였다.

물론 매번 고집대로 했던 것은 아니다. 어느 날은 고집이 꺾였고 어느 날은 내가 원하는 대로 했으나 그 결과가 참혹할 때도 있었다. 지금도 자다가 '이불 킥'하는 일이 없지 않다. 그러나 연주하고 싶은 대로 연주하는 것, 원하는 대로 기획을 하는 것은 필요한 노력이다. 시키는 대로만 하면 기획자가 아니라 업자가 된다. 연주자가 아니라 연주 기술자가 된다.

원하는 대로 얼마간 시간이 걸린다고 해도 내 생각을 세상에 이해시킬 때까지 분투해라! 그러나 반드시 알아두어야 할 것이 몇 가지 있다. 내가 원하는 것이 무엇인지 분명해야 한다는 것, 분투의 결과가 언제나 옳지는 않다는 것, 그에 따른 평가가 좋을 수도 혹은 나쁠 수도 있다는 것. 그냥 다르게, 지금까지 해왔던 것이 괜히 싫어서, 나는 뭔가 새로워야 하니까 그렇게 해야 하는 것은 아니다.

스스로 절실해야 한다. 새롭게 하지 않으면 다르게 하지 않으면 참을 수 없어서, 간질간질 견딜 수 없어서 하는 것이어야 한다. 그랬을 때만이 어떤 결과이든 그에 대해 책임질 수 있다. 호평이든 악평이든 감내할 수 있게 된다.

원하는 대로 꾸준하게, 세상이 당신을 이해할 때까지.

고집부려
다행이었던 일들

내가 좋아하는 가수 강산에의 노래 중 가장 널리 알려진 곡은 〈라구요〉다. "두만강 푸른 물에 노 젓는 뱃사공을 볼 수는 없었지만"으로 시작하는 이 노래는 〈거꾸로 강을 거슬러 오르는 저 힘찬 연어들처럼〉과 〈넌 할 수 있어〉, 〈예럴랄라〉 등과 함께 강산에를 대표하는 노래 중 하나다.

그런데 이 곡이 원래부터 제목이 〈라구요〉는 아니었다고 한다. 당시 이 노래를 들은 음반사 대표는 〈라구요〉라는 제목을 도통 이해하지 못하겠다며 노래 제목을 '갈 수 없는 고향'이라고 붙이려 했단다. 〈예럴랄라〉 역시 마찬가지여서 '시골 여행'이라는 제목을 붙여 음반을 출시하겠다고 했고 강산에는 그럴 바에는 음반을 내지 않겠다고 우겨 겨우 원래 이름을 지켰다는 이야기를 들은 적이 있다.

돌이켜 보면 제목이든 형식이든 내용이든 그때 고집부리

지 않았으면 어떻게 됐을까 싶었던 순간이 몇 가지 있다(물론 반대의 경우도 있다). 가장 먼저 떠오르는 것은 판문점 회담을 앞두고 평양에서 열렸던 〈봄이 온다〉 공연(2018)이었다. 이 공연을 두고 원래 붙였던 제목은 '남측예술단 평양 공연'이었다. 이게 전부였다.

청와대에서부터 문체부, 통일부, 국정원 등 여러 기관이 의사결정 과정에 얽혀 있어 무엇 하나 시원하게 결론 내리지 못해 나는 공연 전에 이미 뚜껑이 열린 상태였다. 까탈스러운 북측을 제외하고도 우리 쪽에서만 시어머니가 여럿이었다. 평양에 사전 답사를 다녀오면서 이런 제목으로는 공연 내용을 제대로 담아내기 어려울 것 같아 내내 고심하다가, 우연히 공연 제목이 뭐냐는 기자의 질문을 받고 즉석에서 말한 것이 '봄이 온다'였다.

내 입에서 그 제목이 나오는 순간 모든 평양 공연 뉴스의 헤드라인은 '봄이 온다'가 되었고 나는 내심 '썩 괜찮군' 싶어 출장을 마치고 의기양양하게 돌아왔다. 그런데 돌아오자마자 시어머니 중 한 명이 제목이 마음에 안 든다며 좀 더 무게 있는 다른 제목으로 바꾸는 것이 어떻겠냐고 채근했다. 그 사람 생각에는 '남측예술단 평양 공연'이 더 좋았던 모양이었다.

나는 필사적으로 여러 가지 이유를 들어 반대했다. '봄이 온다'가 가장 좋은 이름이 맞다고. '봄이 왔다'도 안 되고 '봄이

올까'도 안 되고 오직 '봄이 온다'가 가장 적절한 제목이라고 우겼다. 내가 너무 필사적이어서였는지 아니면 모든 언론이 이미 공연 제목을 '봄이 온다'로 보도해서였는지 제목을 바꾸라는 그 사람도 더는 말하지 않았고 그렇게 평양 공연 타이틀은 〈봄이 온다〉가 되었다.

평양 공연에 가수 나훈아 선생을 꼭 넣으라는 지시도 있었다. 나는 반대했다. 공연은 기승전결 구성이 있고 여러 고려를 하여 이미 출연진을 확정했는데 갑자기 특정 가수를 넣으라고 하는 것이 못마땅했다. 그리고 내 '못마땅함'만의 문제가 아니었다. 나훈아 선생이 이 공연에 대해 그리 달가워하지 않는다는 정보를 이미 들었던 터라 자칫 섭외 과정이나 공연 현장 혹은 공연 이후에 여러 구설이 있을 것 같았다. 공식적으로 요청했는데 거절당하면 그것만으로도 뉴스가 될 게 뻔했다. 괜히 공연 준비 단계에서부터 그런 부담을 안고 싶지 않았다.

하지만 나훈아 섭외를 지속해서 요구하는 통에 말을 안 꺼낼 수도 없는 처지가 되었다. 궁리 끝에 내가 직접 의사를 타진하거나 정부 차원에서 섭외하는 것이 아니라 나훈아 선생을 잘 아는 누군가를 통해 최종적인 의사를 물어보았고, 예상대로 참여 의사가 없음을 확인하고 그 내용을 보고했다.

꽤 시간이 흐른 뒤 나훈아 선생은 자신이 평양 공연 출연

요청을 받았으며 거절했노라 말했다. 시간이 많이 지난 후였음에도 보수 매체들과 남북문제에 비판적인 국민은 그 발언에 호응하며 문재인 정부의 남북 화해 노력을 빈정거렸다. 나는 그 소식을 접하고 그때 끝까지 반대했어야 했나 싶었지만, 그나마 공식적인 요청을 하지 않아서 다행이었다.

임기 2년 차 대통령 신년 기자회견 때도 별도로 사회자를 두지 말고 대통령이 질문자를 지정하도록 하자는 아이디어를 내자 청와대 안에서 많은 반대가 있었다. 어차피 질문자도 미리 정하지 않고 질문 내용도 즉석에서 나오는데 굳이 사회자가 왜 필요한지 모르겠고, 사회자가 되레 기자회견 흐름을 방해하거나 사회자가 질문자를 선정하면 사실이 그렇지 않더라도 서로 약속한 것으로 오해받을 수 있다고 주장했지만 반대가 많았다.

가장 큰 반대 이유는 대통령이 답변을 준비하는 것만으로도 부담이 큰데 진행까지 해야 하는 건 무리라는 것이었다. 하지만 나는 대통령이 좀 힘드셔도 질문자를 직접 선정해야 전체 기자회견을 주도하는 것으로 보인다고 우겼다.

상대도 나도 끝까지 고집을 버리지 않아 결국 이 사안은 기자회견 준비 보고를 할 때까지 결정되지 않아 괄호가 열린 채 보고를 해야 했다. 결국 대통령이 앉아 있는 자리에서 다시 토론이 벌어졌다. 한참 동안 듣더니 대통령은 "번거롭게 또 사회자를 둘 필요가 있나요. 그냥 내가 하겠습니다" 하는 것으로 마무리되었고 기자회견은 큰 무리 없이 잘 진행되었다.

물론 그 고집 덕분에 나는 '안하무인' 자기 마음대로 하는 위인임을 다시 한번 모두에게 각인시켰다. 하지만 지금 생각해봐도 고집부렸던 게 나았다.

관찰의 힘,
상상의 힘

많은 예술가가 관찰의 힘에 대해 이야기한다. 표준국어대사전에 따르면 관찰觀察은 사물이나 현상을 주의 깊게 바라보는 것을 의미한다.

"색이 전부다. 색이 맞으면 형태도 맞다. 색이 모든 것이고, 색은 음악처럼 떨림이 있다"라고 말했던 마르크 샤갈Marc Chagall의 탁견도 오랜 관찰에서 나온 것이고, "사물이나 현상은 두 가지 방식으로 볼 수 있다. 발견할 때와 작별할 때"라고 말한 산도르 마라이Sandor Marai도 관찰의 대가라고 할 수 있다.

예술가들만이 아니다. 오랜 세월 한 가지를 주시하며 살아온 사람들은 우리가 미처 발견하지 못한 것들을 보고, 읽고, 생각할 줄 안다. 평생을 바다에서 낚시만 해왔던 제주 한림 쥐치 전문점 사장 '만수 형님'은 파도 모양과 저녁노을의 붉기만 가지고도 다음 날 날씨를 기가 막히게 맞춘다(요즘은 날씨 앱 '윈디'에 너무 의존하기는 하지만). 만수 형님의 절친 '관준 형님'은 아직 여물지 않은 옥수숫대만 봐도 옥수수가 몇 개나 달릴지 알고, 제주 하귀에서 치킨집을 하는 '제창이 형님'은 생닭 한 마리에 몇 조각이 나올지 훤하다.

신기한 것은 오랫동안 한 대상을 관찰하다 보면 그 대상과 비슷해지는 모습을 볼 때가 종종 있다. 물론 만수 형님이 쥐치를 닮고, 관준 형님이 옥수수를 닮고, 제창이 형님이 치킨을 닮아간다는 뜻은 아니다. 소설가 한창훈 선생은 "사람은 오랫동안 바라본 것을 닮는다"고 썼던 것으로 기억한다. 나는 그 문장에서 한참 머뭇거렸다. 나는 무엇을 오랫동안 바라보고 살았을까. 잘 떠오르지는 않지만 모쪼록 그게 아름다운 것들이었으면 좋겠다 싶다.

관찰은 오랫동안 단순히 쳐다보는 것이 아니다. 저마다 관찰법이 다르겠지만 훌륭한 관찰가(?)의 공통점이 있다. 바로 애정을 가지고 본다는 것이다. 그냥, 어쩔 수 없이, 뭔가 발견해내야 해서 바라본다면 절대로 보이지 않는다. 발견한 것과 나와의 연관성을 생각해봐야 한다. 자신과 무관하지 않아야 관찰의 심도가 더해진다. 지금 보이는 것이 전부가 아니라고 생각해야 한다. 보이는 것에서 보이지 않는 것을 찾아내야 한다.

작은 것, 사소한 문제 속에 담겨 있는 엄청난 의미를 읽어내는 것이 상상력입니다. 작은 것은 큰 것이 다만 작게 나타났을 뿐입니다. 빙산의 몸체를 볼 수 있는 상상력을 키워야 합니다. 세상에 사소한 것이란 없습니다. 다만 사소하게 나타났을 뿐입니다.

— 신영복,《담론》중에서

관찰이 깊으면 '통찰洞察'이 된다. 소중한 깨달음을 관찰자에게 선물한다. 절대 발견하지 못할 형태와 색을 알려주고 의미를 찾게 해주고 해석할 수 있도록 단서를 제공해준다. 그저 오랫동안 보아왔기 때문에 알 수 있는 수준을 넘게 된다. 여기서부터가 관찰의 놀라운 힘이다.

한 마리 제비를 보면 이제 완연한 봄이 왔다는 것을 알게되듯 관찰의 결과는 우리 생각을 곧장 상상력으로 밀어붙인다. 그리고 이때 상상력은 허황한 것이 아니라 구체적이고 분명한, 다부진 근육을 가진 상상력이다.

바람이
분다

문재인 대통령 임기 말에 친환경 대체에너지가 화두였다. RE100(기업이 사용하는 전력 100퍼센트를 재생에너지로 충당하겠다는 캠페인), 탄소중립 비전 등이 선언되었고, 대통령이 직접 기후목표 정상회의와 P4G 국제 정상회의에서 연설하기도 했다.

하지만 닥쳐오지 않은 미래에 대해 구체적인 일정을 짜고 행사를 연출하는 일은 쉽지 않았다. 무엇보다 관찰하고 살펴볼 대상을 찾기조차 어려웠다. 처음 있는 일정들이니 전례도 관례도 없었다. 그나마 연설 중심의 국제회의 준비는 해왔던 대로 할 수 있었지만, '친환경 대체에너지'를 머나먼 미래에 남의 나라 일처럼 받아들이는 국민에게 설득력 있는 메시지를 전달하는 것은 난망한 일이었다. 소위 '그림'이 안 그려졌다.

그러던 중 신안에 해상풍력발전소를 만들고 친환경에너지 사업을 공표하는 기획을 해야 했다. 거대한 풍력 발전기가 힘차게 돌아가면서 생산한 깨끗한 전기가 공급되는 아름다운 미래를 구현하면 되겠지 싶었는데 시작부터 난항이었다.

그 당시(2020년)는 모든 사업이 아직 계획으로만 있었던 때라 보여줄 것이 하나도 없었다. 그렇다고 대통령 연설만 전달되면 아무 반향도 없을 것이 자명했다. 몇 번이고 실무자를 현장에 보냈지만 보고받은 내용에는 장소도, 프로그램도, 이미지도 쓸만한 것이 하나도 없었다. 결국 나라도 현장에 가서 다시 확인해보는 수밖에는 없었다.

지자체나 관계 기관이 추천하는 장소를 돌아보고, 현지에 가기 전 생각했던 장소까지를 답사했지만 전부 그저 그랬다. 친환경 미래 에너지의 영감을 주기는커녕 황량하기만 했고 실체가 없으니 뜬구름 같은 설명뿐이었다.

그렇게 하루가 다 가고 어두워질 무렵, 해상풍력단지가 건설될 예정 지역을 볼 수 있을지 모른다는 임자대교(임자2대교)로 향했다. 아직 개통 전이라 대교는 일반인 통행이 차단되어 있었다. 거기서 관계자가 설명하는 저 멀리 바다를 한참 응시했다. 시간이 없었다. 어서 그럴듯한 생각을 해내야 한다는 조바심에 초집중하여 바라보았지만 그럴듯한 생각은 나지 않았고 결국 어둑해져 귀경할 수밖에 없었다.

한 주 앞으로 다가온 일정인데 아직 장소도 내용도 확정을 못 했다니… 내내 어두운 차창 밖을 보며 임자대교에서 본

(보이지 않던) 해상풍력단지를 상상하는데 그때 문득 한 생각이 떠올랐다. 임자대교 다리 위에서 먼바다를 조망하며 행사를 진행하면 어떨까 싶었다. 완공된 대교는 아직 개통 전이니 행사를 진행하기에 문제가 없을 테고, 경호와 안전, 참가자의 접근권 등도 나쁘지 않았다. 무엇보다 대교는 풍력단지가 조성될 먼바다를 향해 있었다. 아직은 아무것도 없는 바로 저 바다 위에서 우리의 새로운 미래가 건설될 것이라고 약속하기에 적절한 장소였다.

그렇게 48조 원 규모의 세계 최대 해상풍력단지 투자 협약식은 신안 임자대교 위에서 거행되었다. 하늘이 도와 당일 바람도 잦아들고 날씨도 춥지 않았고, 무엇보다 해상도 맑아 먼바다까지 볼 수 있었다. 그곳에서 대통령은 아직 아무것도 없는 바다를 가리키며 저기서 우리의 새로운 에너지가 만들어질 것이라 선언할 수 있었다(이날로부터 2년 후에는 실제로 바다에 건설된 해상풍력 실증단지까지 배로 이동하여 그곳에서 행사를 진행하기도 했다).

관찰은 새로운 것을 발견하게 해주고 상상력의 움을 틔워준다. 관찰은 무심하게 바라보는 것이 아니다. 절박하게 집중하여 보는 행위다. 그래야 보지 못했던 것이 보이고, 새로운 상상이 가능해진다.

관찰의 힘이 곧 상상력의 힘이다.

그린 뉴딜 및 해상풍력 비전 선포식 〈바람이 분다〉(2020)

태도가
능력이다

기획과 연출도 사람이 하는 일이다.

좋은 기획을 하기 위해 반드시 좋은 사람이 되어야만 할 필요는 없다. 하지만 혼자가 아닌 여럿이 하는 일이니, 계획을 수립하고 실행하고 평가받는 모든 과정에 있어 괜찮은 사람이 되는 편이 그렇지 못한 편보다 한결 낫다.

혼자 골방에 앉아 '짠' 하고 기획서를 써오는 사람도 없지는 않겠지만, 소설이나 드라마를 쓰기 위해서는 등장인물, 배경, 사건 등을 만들기 위해 자료를 수집하고 실제 상황을 겪었던 사람들을 인터뷰해봐야 한다. 기획 역시 얼마나 많은 자료를 찾아보았는지 관련된 사람들을 만나고 이야기를 들어보았는지에 따라 만듦새가 달라질 수밖에 없다. 그러한 과정은 당연히 기획자 한 사람만의 노력으로는 부족하다.

기획과 연출은 결국 다른 사람을 부려서 하는 일이 태반이다. 내 지시를 받아서 일했다고 해도 남의 노동과 노력이 들어갔으니 그 결과까지도 내 능력이라 착각해서는 안 된다. 큰 프로젝트와 화려한 공연을 연출하고 나서 받은 쏟아지는 환호와 격려를 전부 자기 것으로 생각하고 인색하게 구는 기획자나 연출가와는 다시는 같이 일하고 싶지 않다.

프랑스 철학자 루이 알튀세르Louis Althusser는 히말라야 설산에 사는 토끼가 가장 조심해야 하는 것은 자신이 높은 산에 있다고 해서 평지에 사는 코끼리보다 크다고 착각하지 않는 것이라고 했다.

많은 사람이 어떤 상사가 좋은 상사냐는 질문에 '책임'지는 상사를 꼽았다. 모든 일의 최종 결정권자가 져야 할 것은 당연히 '책임'이다. 최종 결정권자는 제작 전 과정에서 방향을 제시하는 동시에 문제를 제기하는 사람도 되어야 한다. 가만히 있으면 어느 누구도 문제를 제기하지 않아 실패할 확률이 커진다. 올바른 문제 제기야말로 절반 이상의 성공을 담보한다.

따라서 최종 결정권자는 지금 가려는 방향과 내용이 괜찮은지 가장 많이 의심하고 고민해야 한다. 최종 결정권자, 아니 최종 책임자가 말 그대로 책임을 지는 이유는 모든 과정에 자기 의견이 담겨 있기 때문이다. 그러니 결정의 순간이나 변화의 순간에 의견을 내지 않는 것은 올바른 태도가 아니다.

기획과 연출은 숱한 일들로 뒤집히고 뒤섞여 바뀌게 되

는 변화무쌍한 생물이다. 처음 기획 의도와 최종 성과가 일치하는 경우는 생각보다 그리 많지 않다. 그래서 곤란한 일들도 종종 발생한다. 누가 봐도 사리에 들어맞는 결정을 했는데 결과가 좋지 않은 경우, 반대로 정말 이건 아니다 싶었는데 의외로 좋은 결과가 나온 경우. 그래서 나는 때때로 옳다는 것만으로는 충분하지 않다고 생각했다. 정당한 이유가 잘못된 결과를 낳을 때도 있었고, 엉망인 결과물에도 다 나름의 이유가 있었다.

〈더 뷰티풀〉 공연에서 영상 작업에 AI 기술을 적용해보았다. 노무현 전 대통령의 모습을 AI로 구현했다. 최종 완성도가 마음에 들지 않았고, 제작 과정에 있어 많은 수작업이 필요했다. 알려진 바와는 달리 공연 현장에서 AI는 뚝딱뚝딱 결과물을 만들어내는 도깨비방망이는 아직 아니었다.

하지만 분명한 변화는 있었다. 예전 같으면 몇 배의 시간과 몇 배의 사람들이 필요했을 영역에서 한두 사람이 절반의 시간으로도 같은 결과를 만들어냈다. 이런 추세면 음악감독, 영상감독, 조명감독이 순서대로 사라질 것이고, 마지막으로 총연출 한 사람과 출연진을 관리할 지원 스태프, 무대감독만 남고 다들 객석에 앉아도 될 때가 머지않을 것이다.

긴 시간 동안 여러 사람과 함께 일했다. 기획과 연출 영역에 있어 함께 일하는 사람들에 대한 태도가 곧 능력이었다.

하지만 이 새로운 환경 앞에서는 어떠한 태도를 가져야 할지 아직 모르겠다. 어쨌거나 그런 시대가 오기 전까지는 분명하다. 사람들에 대한 괜찮은 태도는 좋은 기획자와 연출가에게 꼭 필요한 능력이다.

단 한 사람을 위하여
세한도 기부자 손창근 옹 초청 오찬

〈세한도歲寒圖〉는 추사 김정희가 제주도 유배 때 그린 작품이다. 귀양 간 스승을 잊지 않고 찾아 모시던 제자 이상적의 의리와 지조를 소나무와 잣나무에 비유하여 그렸다. 세한도는 국보 180호로 지정되었지만 2020년 국가에 기부되기 전까지 개인이 소장하고 있었다. 소장자는 미술품 수집가인 손창근 옹이었다. 손창근 옹은 〈세한도〉뿐 아니라 〈용비어천가〉 등 보물들을 여러 차례 국가에 기부했는데 대부분 국보급 문화재였다.

손 옹의 기부 소식은 코로나19가 한참이던 2020년 12월에 들었다. 모두가 힘들어하던 때라 깊은 울림이 있었다. 문화재청이 기부자에게 금관문화훈장을 수여했지만 손 옹은 그 자리에 참석도 하지 않았다.

대통령은 감사 말씀을 직접 전하고 싶어 했다. 〈세한도〉

같은 작품이 기부되는 것도 흔치 않은 일이었지만 단 한 사람에게 감사를 표하기 위해 대통령 일정을 만드는 것도 흔치 않은 일이었다. 대통령 일정은 다수 국민을 상대하거나 다수 국민에게 메시지를 보내기 위해 소수 언론을 상대하는 일이다. 대통령 시간은 곧 국가의 시간이고 대통령 일정은 국가의 중요한 업무이기 때문에 분초를 아껴야 했다. 그러나 이 일정은 전혀 그렇지 않았다. 대통령의 시간을 오직 손창근 옹 한 사람을 위해 쓰는 기획을 해야 했다.

당시 손 옹의 연세는 91세였다. 거동이 불편하지는 않나 싶어 확인해보았더니 다행히 움직이시는 데 큰 무리는 없었다. 대통령 초대에 응하실 생각이 있는지부터 확인해야 했다. 생색을 내려 기부하신 건 아니었으니 초청 자체가 부담이 될 수도 있었다. 의사를 타진하기 위해 손 옹의 아들인 손성규 교수(연세대 경영학과)에게 연락했더니 부친과 이야기를 나누고 연락을 주겠다고 해서 며칠을 기다렸다. 그리고 며칠 후, 초대에 응하겠다는 답신이 왔다.

이분을 어떻게 대접하는 것이 좋을지 궁리해보았다. 과하면 부담스러울 것이고 그렇다고 금액으로 환산하기조차 어려운 국보를 기부한 분을, 그것도 구순이 넘은 어른을 모셔야 하는데 대충할 수도 없었다.

이런저런 시나리오를 써보다가 국가가 정말 감사하고 있

다는 느낌을 손 옹이 받을 수 있도록 해야겠다는 생각이 들었다. 그러기 위해서는 국민을 대표해 대통령과 여사님이 직접 나서는 것이 이분에게 드릴 수 있는 가장 그럴듯한 대접이 아닐까 싶었다.

모셔 오는 과정에서부터 예를 갖추기로 했다. 통상 청와대로 대통령을 만나러 올 때는 그게 누구라고 할지라도 각자 이동하여 출입 절차를 밟게 되는데 이번은 예외로 의전비서관실 선임행정관이 손 옹이 계신 곳으로 찾아가 모시고 오도록 했다. 출입 검색 과정을 줄이고 오가시는 데 불편이 없도록 하기 위해서였다.

초청 자리에는 손 옹뿐 아니라 손 옹의 가족도 함께 모시기로 했다. 아무리 기부자의 의지로 한 일이라고 해도 가족이 반대했다면 쉽지 않았을 것이다. 말 그대로 '보물'을 국가에 기부하겠다는 아버지의 뜻에 따른 가족에게도 참 감사한 일이었다. 내게 그런 보물이 있었다면, 아니 내 아버지가 그것을 기부하겠다고 한다면 나는 어땠을까. 아마 펄쩍 뛰며 반대하지 않았을까.

손 옹이 탄 차량이 청와대 본관에 도착할 때 대통령이 직접 정현관 앞까지 나가 맞이했다. 손 옹을 만난 대통령과 여사님은 깊이 허리를 숙여 인사를 드렸다. 청와대에서 주로 좋은 일이나 중요한 손님을 접대하는 장소인 인왕실로 모셔 다과와 환담을 나누었다. 그 자리에는 문체부 장관, 국립중앙박물관장 등을 불러 관계 기관과 관계자들도 함께 감사를 표할 수 있도록 했다.

너무나 큰 선물을 받아 그에 대신할 것이 없었지만 그래도 뭐라도 드렸으면 싶어 여러 가지를 고민했다. 값어치로는 그에 상응하는 것이 있을 수 없으니, 이 경우에는 그저 정성으로밖에 보답할 길이 없었다.

여사님은 손수 말린 곶감과 장인이 만든 무릎 담요를 준비했다. 무릎 담요에는 추사의 인장 중 하나인 장무상망長毋相忘 글귀를 자수로 새겨넣었다. '오래도록 서로 잊지 말자'는 뜻의 이 글귀는 세한도에도 있고 대통령이 당선 전에 썼던 책에도 인용한 바 있었다. 사람과 사람의 관계에서 추구해야 할 중요한 가치로 대통령은 '장무상망'을 썼었다. 선물을 받은 손 옹은 대통령 내외께 감사하다고, 잘 쓰겠다고 말씀하셨다.

모든 일정이 마무리되고 마지막으로 본관 로비에서 기념사진을 촬영했다. 로비에는 세한도를 크게 확대하여 세워 놓았다. 대통령 내외분과 손창근 옹 그리고 가족들은 세한도를 배경으로 기념사진을 찍었다. 모든 일정이 끝나고 손 옹을 다시 차량으로 모시려는데 손 옹이 걸음을 멈추고 로비에 만들어놓은 세한도 앞으로 다가가시더니, "이게 세한도인데… 이게 세한도인데"라며 한참을 바라보았다.

그 모습을 보니 손 옹이 세한도를 얼마나 아끼고 사랑했었는지 알 것만 같았다. 그것을 내주는 것은 결코 쉬운 선택이 아니었던 것이다. 이토록 깊이 애정하기에 국가가 자신보다 더 오랫동안 잘 지켜주리라는 바람으로 기부를 하신 것이구나 싶었다.

　대통령도 여사님도 가족도 배석자들도 그런 손 옹의 모습을 한참 동안 말없이 지켜보았다. 돌아가는 차에 오르기 전 이번에는 손 옹이 먼저 허리를 숙여 인사를 하셨다. 그 깊숙한 인사가 나 대신 세한도를 잘 맡아달라는 부탁이었구나… 하는 생각이 이제야 든다.

세한도 이야기(2020)

오리지널의
뼈

오리지널original은 명백하게 다른 독자적인 스타일이다.

앞서 이야기했던 '쿠세'가 자신에게 익숙한 방법을 습관처럼 사용하는 것이라면, 오리지널은 이를 극복하고 '익숙한 새로움'을 만들어내는 것이다. '익숙한 새로움'은 나에게는 호흡처럼 자연스럽지만 남들이 보기에는 놀라울 정도로 새로운 형식, 표현, 주제 의식을 의미한다. 이것이 가능하기 위해서는 자기만의 개별성을 완벽히 이해한 상태에서 그 개별성을 변주할 줄 알아야 한다.

키스 자렛Keith Jarrett의 〈Over The Rainbow〉나 〈Danny Boy〉를 들어보면 알아챌 수 있을 것이다.

오리지널의 독창성과 관련해 작곡가 사카모토 류이치坂本

Keith Jarrett - 〈Danny Boy〉 (Londonderry Air)

龍—는 《한겨레》와의 인터뷰에서 "음악에는 스타일이 있기 때문에 지식과 학습으로 습득할 수는 있다. 즉 재능이 없어도 지식과 기술로 작곡은 할 수 있다"고 했다. 하지만 "모든 지식은 과거의 집적이기 때문에 거기에는 독창성이 없다"고 말했다.

맞는 말이다. 세상 모든 일은 특별한 재능이 없어도 할 수 있다. 열심히 찾아보고 실패를 분석하고 앞선 작업을 따라 하다 보면 어느 정도 수준에 근접하게 된다. 그러나 대개 거기서 멈춘다. 멈추고 싶어서 멈춘 경우도 있겠지만, 더는 안 돼서 멈추는 경우가 더 많다.

그럭저럭인 것과 놀라운 것의 차이는 무엇일까. 평범성과 독창성이 갈라지는 지점에는 무엇이 있는 것일까.

오리지널의 뼈가 있다면 그것은 바로 상상력이다.

상상력에 관해 이야기하기 전에 우리가 상상력에 대해 심각한 오해를 하고 있다는 것부터 알 필요가 있다. 상상력이라는 말을 꺼내면 대부분 자신이 가지고 있는 생각에 무엇인가를 보태야 한다는 강박이 따라온다. '내가 어떤 것을 기획해야 하는데 상상력이 없어서 상상력을 보태야만 독창적인 아이디어가 될 것 같다'는 생각 말이다.

대개 이렇다. 기존의 것, 이미 존재하는 것, 지금 가지고 있는 무엇에 새로움을 보태야 한다는 생각, 그래야만 한계에 다다른 나의 과제가 놀랍게 변화할 수 있다고 믿는 것이다.

그러나 내가 경험한 상상력은 정확히 반대다. 아주 정확히 반대 방향으로 질주해야만 한다.

상상력의 본질은 근본, 원인, 핵심만 남기는 일이다. 거기서부터다. 보태는 게 아니라 덜어내는 것이다.

상상력이 가장 풍부한 시절은 잡다한 지식으로 가득한 중년과 노년의 시기가 아니라, 아직 모르는 것이 많았던 유년과 청년의 시기라는 점을 보면 더욱 분명해진다. 나는 일을 해오면서 이러한 발상법을 유용하게 활용해왔다. 결과도 나쁘지 않았다. 일단 복잡한 과제를 앞에 놓고 불필요하거나 구태여⋯ 싶은 것들을 하나씩 지우기 시작한다. 그것이 문장이라면 형용사나 부사를 먼저 지우는 식이다. 가능하면 주어와 서술어, 주어와 동사만 남겨놓는 것과 비슷하다.

그것이 행사나 기념식이라면 꼭 들어가야 하거나 주제를 드러내는 것을 제외한 순서와 프로그램을 하나씩 삭제해나간다. 실제로 이 작업을 하다 보면 어렵게 생각해낸 아이디어, 많은 비용이 들어간 장면, 사람들이 좋아할 만한 프로그램 등과 같은 대목에서 갈등하게 된다. '이것만 남겨두면 어떨까?', '이 정도는 괜찮지 않을까?' 싶어진다.

충고한다. 과감하게 삭제해라! 지워야 무언가 들어설 자리가 생긴다. 비어 있는 공간을 먼저 확인해야만 새로운 무엇을 떠올리기 수월하다.

첫 번째 청년의 날 행사 때 일이다. 첫 번째로 제정된 기념 행사였기 때문에 전례를 찾아볼 수 없어 모든 것을 새로 구성하고 기획해야만 했다. 다른 나라의 비슷한 행사들도 찾아보았으나 흡족하지 않았다. 잡다한 순서들로 가득한 큐시트를 짜다가 너무 빤하고 그런저런 내용에 자포자기하는 심정에까지 이르렀다.

그때 앞서 언급한 방법대로 프로그램을 하나하나 지워보기 시작했다. 다 지우고 보니 결국 '청년 스스로가 미래 청년들에게 메시지를 전달하는 것' 하나만 남겨져 있었다. 그러고 나니 새로운 아이디어가 떠올랐다. 대통령 기념사가 아니라 20대 청년 대표로 선정된 BTS가 동시대 청년들에게 메시지를 전달하고, 앞으로 20년 후 20회 청년의 날을 맞을 미래의 청년에게 보내는 타임캡슐을 만들어 역사박물관에 위탁하는 이벤트를 기획했다.

첫 번째 기념식을 끝으로 윤석열 정부가 들어서면서 이 이벤트는 결국 이어지지 못했다. 타임캡슐 프로그램이 꾸준히 진행되기만 했다면 매해 청년들은 이전 청년들이 전하는 메시지와 타임캡슐을 전달받았을 것이다. 그러다 20회 청년의 날 이후부터는 올해는 어떤 것들이 20년 전 과거로부터 전해질 것인지 하는 기대와 관심이 쏠리는 행사가 될 수 있었을 텐데 매우 아쉬울 따름이다.

6·25전쟁 전사자의 유해를 모셔 왔던 70주년 기념식도 비슷했다. 과연 전쟁을 기념해야 할까 하는 본질적인 물음에서 시작해 기존에 해왔던 너무도 빤한 순서와 내용을 하나씩 지웠다. 그러다 결국 '50년 넘게 해외를 떠돌다가 이제야 귀향하는 참전 용사들의 유해를 맞이하는 대한민국과 국민'이라는 콘셉트만이 프로그램 리스트에 남게 되었다.

'그들이 살아 있다면, 만약 살아서 돌아오는 것이라면?'이라는 상상을 바탕으로 행사를 다시 구성했다. 유해를 모신 공군기가 우리 영공에 들어설 때 맞이하는 공군 조종사가 경례와 함께 "여기서부터는 대한민국 공군이 호위하겠습니다"라고 말했다. 그들이 타고 온 비행기에 '전쟁 → 상처 → 그리움 → 귀환'까지의 여정을 매핑하고, 함께 복무했던 참전 유공자를 찾아 유해 앞에서 복귀 신고를 하게 하는 일련의 프로그램도 그런 과정을 거쳐 만들어질 수 있었다.

모든 성공한 기획은 해당 분야와 내용에 있어 비슷한 점들을 뛰어넘는 오리지널이 있다. 카피와 아류에서는 느낄 수 없는 독창성이 있다. 독창성은 상상력에서 나온다. 상상력은 살을 찌우는 것이 아니라 뼈를 찾는 작업이다.

오리지널을 만들어내고 싶은가. 보태지 말고 덜어내는 것으로 시작하자.

6·25전쟁 70주년 행사 〈영웅에게〉(2020)

각본 없는
기자회견

역대 대통령들의 기자회견은 모두 사전 질문지를 바탕으로
한 '약속 대련'이었다. '내가 이렇게 할 테니 당신은 저렇게 하
시오'를 미리 정해 놓고 그 모습을 방송하는 것이었다. 생방송
이었지만 생방송이 아니었던 셈이다.

취임 100일 차에 열린 문재인 대통령의 첫 기자회견은 이
러한 방식부터 바꾸었다. 기자회견 본래 취지에 맞도록 대통
령이 어떤 철학을 가지고 있는지, 국정 현안에 대해 얼마나
이해하고 있는지, 어떤 태도와 자세로 국민을 대하는지 있는
그대로 보여주려고 했다. 아무리 비슷하게 흉내 낸다고 한들
처음보다 나은 두 번째는 없는 법이다. 처음 시도하는 방식이
었고, 이내 오리지널이 되었다.

당시 대통령 기자회견은 이전과는 크게 달랐다. 대통령이
질문을 받고 즉석에서 대답하는 이전에 없던 장면이 만들어졌

다. 사전에 예상 질문지를 받았던 이전 정부와는 달리 어떤 질문도 예상할 수 없었고 누구에게든 질문 기회가 갈 수 있었다.

좀 더 많은 기자의 참여를 위해 청와대에서 가장 넓은 공간인 영빈관에서 기자회견이 열렸고 필요하다면 대통령뿐만 아니라 참모들의 보충 답변도 가능하게 했다. 취임 100일을 회고하는 영상을 만들었고, 기자회견 시작 전 긴장하는 기자들을 배려하는 의미로 대중음악을 BGM(〈걱정말아요 그대〉, 〈오르막길〉 등)으로 틀어놨었는데 당시로서는 꽤 파격적이었다는 평가도 나왔다.

그 후로도 매해 신년 기자회견이 있었고, 남북회담 같은 중요한 사안이나 트럼프 대통령 방한 같은 외교적 사안이 있을 때도 기자들과 질의응답이 있었다. 국민과 직접 이야기를 나누었던 국민과의 대화와 JTBC 손석희 앵커와의 일대일 대담도 있었다. 그렇게 여러 형식과 계기로 기자회견을 했었지만, 언제나 언론과 야당은 더 많은 회견과 질문을 받아야 한다고 했다.

윤석열 대통령이 내키는 대로 하고 싶은 말만 했던 '도어스테핑'도 사라지고, 맥 빠지는 기자회견을 제외하고는 어떤 기자회견도 하고 있지 않은 현재와 비교하면 내용과 형식 모든 면에서 그때가 우월했다. 요즘은 대통령이 기자회견을 해야 한다는 언론 요구도 별반 들리지 않는데 그때와 지금이 대체 무엇이 다른 건지 모를 일이다.

문재인 대통령의 재임 중 기자회견 횟수가 충분했었는지는 모르겠지만, 기자회견 형식에 대해서는 기자도 국민도 긍정적이었다. 기자회견도 대통령 일정이니 회견 형식을 담당했던 입장에서는 어떻게 해야 좋은 질문과 좋은 대답을 만나게 할 수 있을지가 늘 고민이었다.

이전까지 기자회견은 공중파가 허락할 수 있는 최대치의 생방송 시간, 그러니까 100분 정도 시간에 최대한 많은 기자를 참석시켜 공평한 기회를 제공해 질문을 자유롭게 하게 했다. 기자회견 생방송은 공중파 방송 3사가 번갈아 순번을 정해 방송했다(생방송을 하지 않으면 편집했을 것으로 추측하거나, 오해하거나, 거짓말하는 언론사도 있기에 기자회견은 반드시 생방송으로 해야만 했다). 기자들도 청와대도 이 부분에 대한 합의는 그리 어렵지 않았다. 아마 국민이 보기에도 공정하고 타당해 보였을 것이다. 하지만 지난 기자회견들을 돌이켜 보면 이 공정하고 타당한 기획도 여러 한계가 없지 않았다.

먼저 '1:150+'라는 구도 문제다. 대통령 한 명과 150명이 넘는 기자들의 질의응답은 필연적으로 회견 밀도를 떨어뜨릴 수밖에 없었다. 실은 '1:10'만 되어도 질문과 대답이 서로 유기적으로 연결되기 어렵다. 기자들의 질문은 맥락 없이 흐르게 되고, 대통령의 대답 역시 질문을 따라가니 주제를 구분하는

2020년 문재인 대통령 신년 기자회견

것이 무의미해졌다. 기자 한 명에게 한 번뿐인 질문 기회도 문제였다.

질문과 답변, 그리고 재질문과 재답변이야말로 기자회견 내용을 풍성하게 만드는 방법이고, 회견이 단순한 '질문과 답변'이 아니라 '대담'의 영역으로 확장될 수 있다. 그런데 특정 기자에게 질문 기회를 두 번 주는 것은, 다른 기자에게 돌아갈 '기회'를 박탈한다는 의견이 많았고 불공정하다는 말까지도 나왔다.

100분이라는 생방송 시간도 아쉬웠다. 대통령 신년 기자회견은 그해 나라가 어떤 방향으로 갈 것인지를 설명하는 중요한 시간이다. 따라서 공중파 편성 시간은 평일 오전이 아니라 메인 뉴스 시간에, 적어도 프라임 타임(방송 시간 중 가장 시청률이 높은 시간대로, 대개 오후 7시부터 9시 사이) 중에 해야 하지 않았을까. 많은 시간이, 며칠이 걸리더라도 해야 하는 것이 아닐까 하는 '상상'을 해보기도 했다. 하지만 현실에서는 그 이상을 시도하기 어려웠다.

언젠가 기자회견을 프라임 타임으로 옮기고 5시간 정도 하는 것이 어떻겠냐고 각 방송사와 타진해본 적이 있었는데, 방송사들로부터 황당하다는 답변이 돌아왔다. 언론 장악이냐는 말까지 들었다.

문재인 대통령의 임기 내 모든 기자회견은 정해진 시간에

각 분야를 배려하여 정치·외교, 사회·문화, 경제 등으로 나눠서 진행하려 했지만, 단 한 번도 그 주제에 맞도록 진행되지 못했다. 기자들은 정치·외교 분야 질문 시간에 경제 분야를 질문하고, 경제 분야 질문 시간에 남북문제를 질문하고, 남북문제 질문 시간에 인사 문제를 질문했다. 국제 정세에 관한 질문 시간에 국내 특정 지역에 관한 질문이 나오기도 하고, 이도 저도 아닌 질문도 여러 개였다. 질문자가 무작위로 선정되다 보니 누가 좋은 질문, 알맞은 질문을 가지고 있는지 알 수가 없었다. 결국 자극적인 질문 한두 개와 그에 대한 답변만으로 100분 기자회견 전체가 평가받았다.

대통령의 기자회견 준비는 많은 시간과 노력이 든다. 대통령은 모든 사안에 대해 브리핑을 받고, 참고 자료를 보고, 답변을 준비했다. 하지만 정작 회견장에서는 준비한 것들의 십분의 일도 말할 기회가 없었다. 중요한 문제들이 상대적으로 덜 중요한 문제에 가려져 아예 질문조차 없던 적도 많았다. 이러한 여러 한계를 극복하기 위해 아예 기자회견 진행을 기자들이 직접 하라는 제안까지도 해봤지만, 기자들 스스로 특정 언론을 진행자로 선정하기는 곤란하다는 답변이 돌아왔다. 대통령이 직접, 사회자 없이 질문자를 선정한 이유가 여기에 있었다.

윤석열 정부에 대한 언론과 기자들의 태도를 보면 문재인 정부를 대할 때와 많이 다르구나 싶다. '바이든 날리면'에서 시작해 대통령이 기자회견을 하지 않아도, 전용기에 특정 언론을 태우지 않는 몽니를 부려도, 어떠한 명분도 없이 '개취(개인 취향)' 언론들을 불러 단독 인터뷰를 해도, 거기에 대한 항의는 들리지 않는다. 지난 정부 때였으면 상상도 못 할 일이지만 사건은 미담이 되고 논란은 슬그머니 삭제된다.

지난 정부 시절 조·중·동을 위시한 매체들은 문재인 대통령을 비롯해 김정숙 여사와 정부 주요 인사, 심지어 나에게조차 몹시 악랄했다. 이유 있는 비판은 별도리가 없지만, 사실의 일부분을 진실로 호도하거나 의도적인 삭제와 생략, 억측을 통한 비난이 다반사였다.

그중 내가 겪었던 가장 황당했던 보도는 10여 년 전 쓴 책으로 인한 것들이었다. 긴말하고 싶지는 않지만 언론이 문제로 삼았던 책 내용은 가상의 캐릭터를 통해 말했던 허구였고 그것이 책의 콘셉트였으나, 실재의 내가 말한 것으로 보도하기를 멈추지 않았다. 심지어 문제가 되었던 책 중 한 권은 내가 쓴 책도 아니었는데, 어느 순간 내가 집필자가 되어 있기도 했다.

여러 보도로 극심한 스트레스에 시달리던 중 딱 한 번 허리가 꺾이게 웃은 적이 있다. 어느 기자가 내가 쓴 책 내용 중 "너를 버린다… 이제 쓸모없어진 너를…"과 같은 대목을 발췌해 인용하면서 성적으로 문란하고 비도덕적이라는 취지의 기사를 썼다. 그런데 그 글은 여성을 대상화하는 것이 아닌 내 오래된 슬리퍼를 버린다는 내용의 이야기였다. 기자의 편견이 만들어낸 기사였다.

프랑스 파리에 본부를 둔 '국경 없는 기자회(RSF)'가 공개한 〈2024 세계 언론 자유 지수〉 보고서를 보면 한국의 언론 자유는 62위로 41~43위 수준을 유지하던 문재인 정부 시기(2018~2022)보다 약 20계단 가까이 떨어졌다. 이렇게 되어버린 원인은 윤석열 정부와 한국 언론 모두에 있을 것이다. 그리고 이제 이 모든 부끄러움은 국민의 몫이 되었다.

상상의
반대편

상상의 반대편에는 무엇이 있을까.

상상은 무엇 앞에서 등을 돌리는 것일까. 상상이 멈추는 순간, 그때는 결론이 등장했을 때다. 상상의 반대편에는 결론이 있다. 확고한 결론 앞에서 상상은 신기루처럼 사라진다. 최종적인 결정 앞에서 상상은 무력해진다.

상상은 절대 답을 내는 것이 아니고, 최종적인 결과를 만드는 것도 아니다. 상상은 수많은 여정을 만들어내는 것이다. 생각의 숲에서 '일부러' 길을 잃는 것이다. 길을 잃어야 새 길을 찾을 수 있다.

결론은 완성이다. 규정되는 것이다. 어떤 것이든 결론을 내리는 순간 더 이상 상상이 설 자리는 없다. 결론은 끝이다. 풍부한 상상과 수많은 대안을 모색하기 위해서는 최대한 결론을 유보하고 결정을 미루는 것이 필요하다. 이미 결론을 내어

놓고 그곳에 도달하도록 채근할수록 상상력은 힘이 빠진다.

상상을 가로막는 또 다른 장애물은 '효율'이다. 그러나 상상을 바탕으로 성공한 무엇도 먼저 효율을 고려하는 법은 없다. 우연히, 아주 우연히 결과가 효율적이기까지 할 수는 있어도 그것을 목적으로 삼지는 않는다. 그러니 상상 앞에서 돈이나 시간같은 효율을 따지는 것은 매우 우둔한 행태다.

어린아이의 상상력을 풍부하게 만드는 것은 어린아이 자신이라는 말이 있다. 아이들의 상상력을 풍부하게 만들기 위한 목표가 설정되고 커리큘럼이 짜지는 순간, 그것은 효율에 갇히게 된다. 상상력 자체보다 각각의 미션에서 결론을 얻으려는 노력만이 전부가 된다.

매주 월요일마다 새로운 아이디어를 다섯 개씩 제출하라는 지시를 받아본 적 있는 사람은 안다. 그 다섯 개의 숫자가 모든 상상을 막아선다는 사실을. 내용보다는 다섯 개라는 숫자를 채우기 위해 상상이 아닌 망상을 적어낸 경험이 다들 있을 것이다. 이렇게 해서는 그럴듯한 하나도 건지기 어렵다.

우리는 항상 눈에 보이는 것과 동시에 가려진 것을 보기 위해 부단히 노력한다. 낯선 풍경 앞에서, 사람 앞에서, 해야 할 과제 앞에서 숙고한다. 눈에 보이는 걸 면밀히 찾아보는 게 '관찰'이라면 눈에 보이지 않는 것, 숨겨진 것, 혹은 숨겨졌다 싶은 것을 찾는 게 '상상'이다.

하지만 상상을 현실을 뛰어넘는 무언가라거나, 현실보다 거대한 무언가라고 단정 짓지 말아야 한다. 상상은 때로 현실의 숨겨진 부분일 수도 있고, 눈에 보이는 것보다 작고 하찮은 것일 수도 있다. 그런 숨겨진 무언가를 잘 찾아내어 눈앞에 펼쳐 보일 때, 상상의 성공이자 성공한 상상이 된다.

코로나19 시기에 몇 번의 정상급 국제회의를 준비해야 했다. 원래는 각국 정상들이 한자리에 모여 공개회의와 비공개회의, 다양한 부대 행사와 방문 행사, 선물 교환, 오찬, 만찬 등으로 진행되어야 하지만 코로나19로 그럴 수가 없게 되었다.

문제는 그렇다고 정상회의를 안 할 수도 없는 상황이었다. 세계 각국은 팬데믹 시기에 더 긴밀하게 논의해야 할 것들이 많았고, 보다 많은 성과를 만들어야만 했다. 그러려면 각국 정상들이 더욱 자주, 밀도 있게 만나서 이야기하는 것이 필요했다. 다른 어느 때보다 '소통'이 중요했다.

소통은 마주 앉아 얼굴을 보고 하는 게 가장 좋다. 상대방의 말뿐만 아니라 표정, 행동, 분위기 등 모든 게 의사 표현인데, 이것은 마주 앉아야만 알 수 있다. SNS, 영상통화, 문자메시지 등 소통의 기제가 넘쳐날수록 사람들 사이에 외로움이 더해지고 소통이 되지 않는 이유가 서로 만나서 이야기하는 일이 줄어든 것과 무관하지 않다.

따라서 내게 주어진 과제는 서로 만날 수 없는 정상들의 회의를 어떻게 하면 더 내실 있게 만들 수 있을지였다. 비슷한 회의를 주최한 다른 나라들도 고민은 했을 테지만, 별다른 수가 없었는지 다들 줌ZOOM을 연결하여 정해진 순서에 따라 한마디씩 하고 회의를 끝내는 방식을 선택했다. 며칠을 고민하다 문득 SF영화에서 보았던 입체적인 영상통화 방식을 실제로 구현할 수 있을지 궁금했다.

〈스타워즈〉에서 등장했던 홀로그램 영상통화, 〈아이언맨〉에서 보여주었던 다양한 디스플레이와 실시간 자료 업로드와 다운로드, 영상 공유 같은 것 말이다. 이를 실제로 구현해보자고 했을 때 다들 대단하다면서 좋아한 건 아니었다. 반대가 많았다. 예산, 시간, 안정성 등 우려가 많았다. 그러나 잘되기만 한다면 비대면 국제 정상회의의 수준을 한 단계 끌어올릴 수 있었다.

여러 고비를 넘어 시도해보기로 했다. 다양한 각도에 카메라를 설치해 정상이 이야기할 때 현장이 좀 더 입체적이고 자연스럽게 전송될 수 있도록 했고, 전면에 투명 LED 디스플레이를 설치해 준비된 자료들을 주고받을 수 있도록 만들었다. 통역이 필요한 부분도 전송되어온 오디오를 통역 부스를 거쳐 우리 회의장에 차례대로 전달하여 참석자들이 통역기나 이어폰 사용 없이 대화할 수 있도록 만들었다.

여러 기술이 필요한 이러한 시도는 당연히 비용은 많이

기후정상회의, 대통령의 '두 가지 약속'(2021)

들고 효율은 떨어지는 것이었다. 경우에 따라 연결 자체가 안정적이지 않을 수도 있는 일이었다. 그러나 결론적으로 큰 문제 없이 성공했다. 한국의 비대면 정상회의가 만들어진 이후 정상급 국제회의를 주최해야 하는 국가들에서 문의가 쇄도했다. 이후 미국, 중국 등 비대면 정상회의에서 우리가 시도한 기술과 개념을 일부 사용하기도 했다.

얼굴을 맞대고 이야기해야 회담의 질이 나아질 것이라는 생각에서 시작된 일이었다. 영화에서나 가능한 일을 현실에서 만들어내는 작업이었다. 상상은 그런 것이다. 많은 비용과 노력, 위험을 안고 있다. 어려운 일이지만 성공한다면 새로운 현실을 만들어낸다. 상상의 구현이 이루어지면 결론이 바뀌고 효율을 뛰어넘는 만족을 얻을 수 있다.

대통령
퇴임식

대통령 퇴임식을 내가 직접 만들려고 했다면 결국엔 포기하고 말았을 것이다. 직접 하지 않고 다른 사람들이 만들어주었으면 하는 상상에서 시작된 일이었다. 그리고 상상은 현실이 되었다.

모르는 사람들이 의외로 많은데 현직 대통령의 퇴임식은 없다. 대통령 퇴임식이 공식적으로 있는 나라도 아마 없지 않나 싶다. 문재인 대통령 퇴임 즈음에 메르켈 총리의 퇴임식이라고 알려진 행사가 있기는 했지만, 그 행사는 총리 퇴임식이 아닌 독일 군 통수권자로서 마지막 사열을 받는 자리였다고 들었다.

어느 나라건 최고 권력을 단 1분이라도 공백으로 둘 수는 없기에 퇴임과 취임의 사이를 두지 않는다. 그래서 미국도 한국도 새 대통령의 취임식이 전직 대통령의 마지막 행사가 되는 것이고, 일부 국가에서는 취임식을 이임식으로 하기도 한다.

문재인 대통령은 취임식도 없이 업무를 시작했던 터라 대통령 퇴임을 맞아 퇴임식까지는 아니더라도 무언가 대통령과 성원해준 국민에게 감사하는 자리를 꼭 만들고 싶었다. 함께 일했던 직원들과는 조촐한 자리를 마련하기도 했지만, 그것만으로는 뭔가 아쉬웠다. 그러던 중 윤석열 정부가 청와대를 폐쇄한다면서 전임 대통령을 전혀 배려하지 않는 태도를 보이자 더더욱 그런 자리를 만들고 싶어졌다.

문제는 문 대통령이 그런 자리를 원치 않는다는 데에 있었다. 당사자가 싫다는데, 대통령이 싫다는데, 아무리 내가 말년이라고 해도 마음대로 할 수는 없는 노릇이었다. 내가 아니면 이벤트를 만들어줄 사람도 없다는 생각에 이리저리 골똘해봤지만 이렇다 할 아이디어도 떠오르지 않았다.

그렇게 시간은 자꾸 흐르고 퇴임이 열흘도 남지 않은 어느 날, 삼청동에서 점심을 먹고 사무실로 들어가려는데 낯 모르는 분들이 인사를 해왔다.

"고생 많으셨어요."

"아! 네 감사합니다."

"근데 퇴임식은 언제 해요?"

"퇴임식이요? 하하 퇴임식은 따로 없습니다."

"왜요? 다들 기대하는데 꼭 만들어주세요."

그분들과 인사하고 돌아오다가 문득 '내가 만들 것이 아니라 국민이 만들어주면 대통령도 어쩌지 못하겠구나…' 싶었다. 게다가 정말로 많은 사람이 바란다면 특별한 프로그램 없이 모이기만 해도 그 자체로 퇴임식이 될 수 있었다.

그때부터 내내 거절해온 몇몇 뉴스 프로그램과 유튜브 채널 출연 약속을 잡았다. 윤석열 당선과 대통령과의 갈등설, 청와대 폐쇄 등 언론에서 궁금한 것이 많았고 문재인 대통령 임기 말에 관한 이야기와 소회를 말해달라는 요청도 많았다. 나는 그 자리에 나가기 전 제작진에게 '대통령 퇴임식은 있습니까'라는 질문을 해달라고 요청했다. 그리고 그 질문을 받을 때마다 똑같이 말했다.

"퇴임식은 따로 없습니다. 매우 아쉽지요. 하지만 문 대통령께서는 임기 종료 하루 전 오후 6시에 청와대에서 밖으로 나가실 계획입니다. 아마 분수대 쪽으로 가시겠지요. 그게 마지막 일정이 될 것 같네요."

퇴임식 기획과 연출은 이것으로 끝이었다. 수만 명이 자발적으로 또는 알음알음으로 낮부터 모여 문 대통령이 나오기를 기다렸다. 풍선과 꽃, 심지어 앰프와 마이크도 준비해 청와대 앞부터 분수대까지 거리를 모두 메웠다.

나는 정말로 아무것도 하지 않았다. 다만 대통령이 청와대에서 나가기 한 시간 전쯤 미리 나가 동선을 확인하고 돌아와 대통령께 "아무래도 대단히 많은 사람이 모여 있어서 한 말씀 안 하실 수 없겠습니다. 마이크도 준비해놓았더라고요"라고 있는 그대로 보고만 드렸을 뿐이었다. 어쩔 수 없다고 생각하셨는지 내심으로는 좋으셨는지 모르겠지만 대통령은 내 말을 듣고 고개를 끄덕이셨다.

그렇게 문재인 대통령은 대한민국 대통령 중 유일하게 퇴임식을 하게 되었다. 그것도 국민이 자발적으로 만들어준 아름다운 퇴임식이었다. 거기에는 내 잔머리도 조금은 일조했지만, 그보다는 윤석열 정부의 과도한 요구(퇴임 전날 자정에 청와대를 개방하겠다는, 그러니 알아서 나오라는)가 기여한 바도 크다.

많이 늦었지만 모두에게 참 감사했다는 인사를 전한다.

대통령의 마지막 퇴근길(2022)

THE SHOW

기획에서

연출까지

무엇을 연출한다는 것은 단단한 현실이나
절대불변의 사실을 드러내는 것이 아니다.
그 안에 담긴 진실을 보여주는 것이다.
때로는 꿈이나 미래 혹은 과거를 그리기도 한다.
그래서 연출은 필연적으로 생략과 과장,
상징과 은유를 뒤섞게 된다.

향수를 골라 쓰는 것, 옷이나 신발을 고르는 것,
용도나 기능이 아닌 기분에 따르는 모든 선택이 연출이다.
연출은 표현이고 커뮤니케이션이다.
내가 너에게, 연출가가 관객에게 신호를 보내는 것이다.

문자나 말과 같이 직관적으로 알아차리게 하는 것도 방법이지만
빛과 소리, 이야기를 담아 발신하면
수신자는 더 넓게 그 신호를 증폭시킨다.
증폭된 신호는 저마다 표현이 되고
커뮤니케이션이 되어 더욱 확장된다.

연출은 꼼꼼함이다. 하나하나에 의미를 심는다.
심지어 박자와 호흡까지도 고려해서 구성해야 한다.
고저와 장단, 감정의 흐름, 긴장과 이완까지를
완벽한 이야기로 만들어야 한다.

가까이서
멀리서

어떤 사물이나 현상을 관찰할 때 가까이서 볼 때와 멀리서 볼 때 드라마틱한 차이가 난다. 멀리서 볼 때는 밋밋한 수평선에 불과했던 바다가 배를 타고 나가면 파도와 물결이 저마다 다르다. 분명히 보였던 수평선도 저 멀리 물러나 있다.

눈으로 확인할 수 있는 것들뿐만이 아니다. 역사, 사건, 사람, 삶도 가까이에서 들여다볼 때와 멀리서 바라볼 때가 확연히 다르다. 참 오묘하게도 가까이 있다고 더 잘 보이는 것도 아니고, 멀리 떨어져 있다고 덜 보이는 것도 아니다. 전부 다르다.

연출은 이 차이와 변화를 잘 응용해야 한다. 어떤 장면에서 대상만 남겨놓고 나머지를 버릴지, 어떤 장면에서 시야 전체를 퍼포먼스로 채워 넣을지를 결정해야 한다.

72주년 광복절 경축식에서 구순 애국지사 할머니를 무대에 세운 적이 있었다. 연세도 많으셨지만 작고 왜소한 체구여서 도대체 저분이 독립운동을 어떻게 했을까 싶었다.

원래는 〈애국가〉 제창 때 다 함께 합창하는 것으로 무대를 구상했었다. 생존한 애국지사 중 한 분을 무대에 모셔 〈애국가〉를 함께 부르면 〈애국가〉도 살고 〈애국가〉로 무대와 객석 전체를 아우를 수 있을 것 같았다.

본 행사 며칠 전 리허설을 위해 그분을 무대에 올려 〈애국가〉를 부탁드렸더니 안익태 버전 〈애국가〉가 아니라 〈올드랭사인〉 버전 〈애국가〉를 부르셨다. 다 부르고 나서 나에게 "우리 때는 이렇게 불렀어" 하고 내려오셨다.

나는 그 장면에 빠져들었다. 구부러진 허리를 곧추세우시며 반주도 없이 홀로 〈애국가〉를 부르는 모습은 그날 행사의 모든 연출 계획을 무안하게 만들었다. 그분이 부른 〈애국가〉에는 독립에 대한 염원과 광복의 환희와 그분이 겪었을 모든 고통과 비애가 고스란히 담겨 있었다. 어떤 위대한 작곡가의 합창단 오케스트라도 표현해내지 못할 진실과 진심을 느낄 수 있었다.

나는 이 장면을 줌 인zoom in하기로 했다. 원래 계획을 수정해 부축도 없이 할머니 혼자 무대에 올라가시도록 했다. 그리

72주년 광복절 경축식(2017)

고 아무 설명 없이 무대 위에서 스스로 준비가 되는 대로 반주도 제창도 없이 〈애국가〉를 부르시도록 했다. 할머니의 〈애국가〉가 끝나면 그때야 비로소 오케스트라와 제창이 시작되도록 연출했다. 〈애국가〉가 끝나고 참석자 모두가 함께 〈애국가〉를 제창할 때는 그 어느 때보다 웅장하고 깊은 울림이 있었다.

이듬해 73주년 광복절 경축식에서는 정반대의 연출을 했다. 그해는 판문점 회담이 성공리에 마무리되고 남북 공동 광복절 기념식도 가능하지 않을까 하는 분위기가 있었다. 정부행사에 단골로 등장하는 '평화와 번영'이라는 상투적인 구호가 더는 상투적으로 느껴지지 않을 정도였다. 그래서 광복절 경축식 주제는 평화였다. 세계만방에 남북 갈등 해소와 평화를 통한 공동 번영이라는 기치를 알리자는 것이 행사 목적이 되었다.

장소는 규모를 한껏 키워 용산 국립박물관 야외로 정하고, 행사 마지막에는 베토벤 교향곡 9번 〈합창〉을 연주하기로 했다. 세계 평화를 위해 여러 번 연주되었던 〈합창〉은 베를린 장벽이 무너지던 날에도 연주되었던 곡이다. 따라서 남북 갈등을 마무리하고 한목소리로 노래하자는 의미를 부여할 수 있었다.

〈합창〉 연주를 위해 KBS교향악단과 협의하고 편곡을 부탁했다. 오케스트라, 합창단, 네 명의 솔리스트로 연주를 구성하고 필요한 섭외를 마친 뒤 연습에 들어갔다. 행사를 며칠 앞두고 전체 연출 회의 때 연습된 곡을 들으며 꽤 만족스러웠다. 편곡 구성도 흐름도 연주 시간도 적절했다. 그런데 뭔가 아쉬웠다.

늘 경축식을 해오던 세종문화회관에서 벗어난 넓고 트인 장소, 그 어떤 경축식보다 희망 가득한 분위기. 뭔가 더 웅장하고 놀라운 장면을 보여주고 싶었다.

그해는 마침 정부수립 70주년이기도 했다.

"합창단을 늘리죠?"

"얼마나 더 늘려야 할까요? 지금도 100명이 넘습니다. 이 정도면 단일 행사로는 적지 않습니다."

"제 생각은 700명 정도는 되었으면 합니다."

"네? 그 정도 규모면 국내 웬만한 전문 합창단을 다 불러 모아야 합니다."

"그래도 한번 해보죠. 정부수립 70주년이라는 의미도 있고 하니 최대한 웅장하게 했으면 합니다."

"하…"

실무를 맡은 KBS교향악단 관계자들에게 지금까지도 고맙고 미안한 마음이다. 그들은 이 무리한 요구를 결국 해결해주었다. 여름휴가나 방학 중인 모든 합창단에 연락하고 설명하고 연습을 시키고 확인하는 과정에서 그들의 수고가 정말 많았다.

700명의 합창단과 오케스트라 그리고 솔리스트가 모여 리허설하던 날 나 역시 단일 행사로는 가장 많은 출연진 앞에서 진이 빠졌다. 모두를 한자리에 세우는 것조차 쉬운 일이 아니었다. 어찌어찌하여 무대로 사용할 용산 국립박물관 계단에 700명을 모두 세우고 리허설을 진행하며 나는 딱 두 가지를 주문했다.

1. 악보를 보고 합창해서는 안 된다. 시선을 꼭 관객들에게 주었으면 한다.
2. 연주 순서가 될 때까지 한 명도 무대에 모습을 보여서는 안 된다.

여러 행사에서 합창 순서를 만들다 보면 생각만큼 관객 집중도가 높지 않다. 이유는 노래하는 사람들이 듣는 사람과 눈을 마주치지 않고 악보만 보는 데 있다. 베토벤 교향곡 9번 〈합창〉을 악보 없이 외워서 노래하는 게 쉽지 않다는 것은 알지만 그래도 그렇게 해주었으면 싶었다.

두 번째 요구사항은 극적인 효과를 만들기 위해서 꼭 필요했다. 하나가 아닌 전체가 주는 울림. 처음에 한 명이 계단

위에서 내려오고 다시 그 뒤를 따라 수십 명이, 그리고 수백 명이 내려와 그 넓은 계단을 가득 채우며 시선을 최대한 넓게 끌어냈으면 싶었다. 지켜보는 사람들이 "다음 순서는 합창입니다" 했을 때 생각했을, 머릿속에 그렸을 수십 명, 기껏해야 100여 명의 합창단을 훌쩍 뛰어넘는 큰 덩어리를 보여주고 싶었다.

지독하게 더웠던 그해 8월 15일 여름, 700명의 합창이 연주되었다. 중계 카메라도 현장을 다 담아내지 못할 정도로 넓게, 크게, 묵직하게 연주되었다. 합창은 많은 환호와 박수를 받았고, 나는 내 생애 가장 많은 숫자의 합창단과 무대를 만든 기록을 갖게 되었다.

'가까이서 또는 멀리서'는 매우 극단적인 효과다. 그래서 이 둘을 섞어서 연출할 수도 있다. 한 꼭지, 한 순서에서 최대한 깊이 들어갔다가 최대한 빨리 빠지면서 확장하는 것도 응용할 만한 방법이다. 줌 인으로 들어갈 때는 주변을 천천히 가리면서 대상에 집중하도록 만드는 것이 좋고, 줌 아웃zoom out으로 빠질 때는 재빨리 한 번에 보여주는 것이 좀 더 효과적이다.

73주년 광복절 경축식(2018)

64명의 국군 전사자

2018년 6·25전쟁 전사자 유해 봉환식

6·25전쟁 전사자 유해는 세 차례에 걸쳐 봉환되었다. 그중 첫 번째는 2018년 10월 1일 국군의 날을 맞아 미국 하와이에 봉안되어 있던 국군 전사자 64기 봉환이었다.

이 유해들은 1996년부터 2005년까지 약 10년간 미국과 북한이 공동으로 북한 지역에서 발굴한 것으로, 유전자 감식 등 여러 절차를 거쳐 최종적으로 국군 유해로 판명된 후 하와이에 임시 봉안되어 있었다.

이전에도 국군 전사자 유해 봉환이 없었던 것은 아니지만, 자료를 살펴보니 봉환식의 형식도 내용도 매우 건조했다. 통상 정부 행사의 순서와 내용을 그대로 되풀이하고 있었다. 이래서는 유해 봉환의 의미는 고사하고 국민이 이런 일이 있다는 것조차 알게 하기 어려워 보였다.

매번 느꼈던 일이지만 보수 정부나 스스로 보수라 일컫

는 사람들이 이러한 일들에 왜 그토록 무감하고 무심한지 모르겠다. 다른 어떤 일정보다 국가를 위해 목숨 바친 사람들을 기리는 일을 우선해야 할 텐데 참 한심하고 답답했다.

차제에 아예 다르게 만들어야겠다고 결심했다. 전체 일정 구석구석까지 손을 봐서 관례로 만들어놓기로 했다. 국방부와 협의하여 봉환 날짜를 10월 1일 국군의 날로 정했다. 국군 전사자이니만큼 오랫동안 기억될 수 있는 날이 국군의 날이라는 데에는 이견이 없었다. 장소는 유해를 모신 공군기가 착륙하는 성남공항으로 정했다. 처음 밟게 될 대한민국 영토, 그 자리에서 예의를 갖춰 맞이하는 모습을 보여주고 싶었다. 아마 국민도 좋아해줄 것이라고 믿었다.

이전 형식은 모두 지우고 다시 만들었다.

일단 내빈들이 앉는 의자를 전부 치우도록 했다. 귀환하는 전사자들 앞에서 의전 서열이니 참석자 배려니 하는 것들을 걷어내고 진심을 담아 맞이하는 모습을 보이는 것이 중요했다. 대통령부터 부처 장관, 심지어 참전 용사들까지도 모두 서서 행사에 임하도록 시나리오를 짰다. 다만 연로하신 참전 용사나 몸이 불편한 분들에게만 의자를 제공했다.

유해를 하기하는 의장대 의례도 새로 준비했다. 이전에는 없던 의장 동작이라 많은 연습이 필요했다. 소관을 들고 비행기에서 행사장까지 이동하는 과정은 매우 중요하고 뜻깊은

순서였다. 복장은 물론 관을 들었을 때 자세와 내려놓을 때 동작에 절도가 있어야 했고 그 장면을 보는 사람들도 존경을 느낄 수 있도록 해야 했다.

전사자들의 한을 위로할 수 있는 음악도 준비했다. 피아노 연주와 노래로 〈내 영혼 바람되어〉와 영화 〈태극기 휘날리며〉의 OST를 연주하도록 했다. 그것만으로 위로가 될 수 있을지는 모르겠으나 그렇게라도 해야겠다는 생각이 들었다.

봉환 행사가 모두 끝나면 서울 현충원에 있는 국방부 유해발굴감식단 임시 안치소로 모셔야 했기 때문에 유해를 에스코트할 헌병대와 경찰 사이드카도 여러 차례 동선 연습을 하며 실수가 없도록 최선을 다했다.

여기까지 만들어놓고 리허설을 진행했다. 현장 분위기는 숙연했고 각자 연습한 대로 실수 없이 진행되었다. 하지만 뭔가 눈에 확 들어오는, 명징한 한 장면이 비어 있었다. '무엇이 빠져 있는 것일까', '혹시 너무 많은 것을 담으려고 했던 것은 아닐까' 몇 번을 자문해봤지만 넘치는 것이 아니라 무언가 모자란 느낌이었다.

다시 한번 시나리오를 검토했다.

대통령께서 대표 분향 후 중앙에 놓은 유해 한 기 앞에 6·25 참전 기장을 수여하심.

아! 그제야 나는 부족한 것이 무엇인지 알게 되었다. 유해 64기 중 한 기에만 참전 기장을 수여한다는 대목이었다.

행사의 원활한 진행을 위해 64기 전체를 대신해 상징적으로 한 기에만 기장을 놓는 계획을 세웠었다. 그러나 64기는 각각 다른 사람이고 이분들 모두 치열한 전투 중에 전사한 국가에 목숨을 바친 분들인데 어떤 기준으로 그 한 기만을 선택할 수 있을까….

64기 모두에게 기장을 수여해야 하는 일이었다. 하지만 문제가 그리 간단치는 않았다. 일단 대통령이 64기 전부에 기장을 수여하려면 더운 날씨에 수고가 적지 않을 것이고, 그 수고를 감당한다고 해도 생방송 중에 같은 장면이 64번이나 반복되어야 했다. 거기에 걸리는 시간도 최소한 20분 이상이었다. 연출적으로만 본다면 행사 전체의 긴장이 무너지기 충분한 시간과 장면이었다.

나는 이 모든 내용을 정리해 대통령께 보고했다. 한 명에게만 기장을 수여하는 방안과 64명에게 하는 방안이 있다. 둘 다 상징적인 행위이기 때문에 구성상으로만 보면 한 번만 하셔도 충분하기는 하다. 하지만 그 한 기를, 아니 한 분을 선정하기 어렵다. 모두가 전사자이고 유공자이기 때문이다. 따라서 64기 각각에 수여하시는 것이 좋겠다는 취지로 말씀드렸다. 시나리오를 보고받은 대통령은 그렇게 하자고 결정하셨다.

그날 유해 봉환식에서 대통령은 17분 동안 유해 한 기 한 기 앞에 서서 기장을 수여하고 묵념을 올렸다. 그 장면은 우리가 준비했던 다른 모든 장면보다 길고 지루했지만 앞뒤 모든 프로그램을 배경으로 만들어버리고 가장 또렷하게 국민에게 전달되었다. 제대로 줌 인되었다.

SEOUL AIR BASE

대한민국의 이름으로 당신을 기억하겠습니다

68년 만의 귀환(2018)

분명하게 또는
흐릿하게

예술은 미스터리를 만들어낸다. 미스터리 없는 세상은 존
재하지 않는다(Art evokes the mystery without which the world
would not exist).

벨기에의 초현실주의 화가 르네 마그리트René Magritte의 말
이다. 훌륭한 예술가들은 '밀당(밀고 당기기)'의 천재들이다. 그
런 듯 아닌 듯, 알 듯 모를 듯, 이런 듯 저런 듯…. 소설이든 드
라마든 그림이든 좋은 예술 작품은 감상하다 보면 '아! 이거구
나' 확신이 들 때 여지없이 반전이 일어나 '도대체 이게 뭐야'
하면서 그 앞에 다가서게 만드는 힘이 있다.

나는 이것을 '포커스 인&아웃focus in&out'이라고도 부른다.
짱짱하게 포커스를 맞추어야 할 때도 있고, 일부러 분명치 않
게 흐릿하게 만들어야 할 때가 있다.

올림픽 전야제에서부터 국민과의 대화에 이르기까지 어떤 행사라도 마찬가지다. 모두가 주목하도록 해야 하는 순간과 관객이나 참석자가 각자 상념에 빠져들도록 만들어야 하는 순간이 있다. 행사장에 앉은 사람을 내내 주목하게 만들 수도 없다. 그럴 수 없다고 생각해야 한다. 무리하게 억지로 주목을 끌려다 보니 과한 무대가 만들어지고, 쓸데없이 흥분한 사회자가 등장하고, 관객들에게 밑도 끝도 없는 리액션을 강요하게 되는 것이다.

프레젠테이션으로 유명한 스티브 잡스Steve Jobs는 사람이 온전히 집중할 수 있는 시간은 30분이 안 된다고 했다. 집중해야 할 순간을 찾고, 나머지 순서는 그 순간을 위한 '빌드업' 장치로 활용할 줄 알아야 한다. 이 점을 알고 있어도 실제 작품을 만들다 보면 이 장면 저 장면 모든 장면에 힘을 주고 관객들이 주목해주기를 바라게 된다. 욕심을 버리기가 욕심을 내기보다 어렵다.

2019년 처음 '각본 없는 기자회견'을 준비하면서 100분을 어떻게 구성하는 것이 좋을지 고민이었다. 전 국민이 생방송으로 지켜볼 테니 1분 1초도 실수가 있어서는 안 됐다. 기자들의 질문과 대통령 답변이라는 큰 구성이 살아 있으면서도, 자칫 지루해지기 쉬우니 현장 분위기는 좀 더 생동감 있고 입체적으로 보여야 했다.

먼저 대통령 신년 구상을 청와대에서 가장 상징적인 공간인 본관 로비에서 대통령이 발표한 후, 기자들이 기다리고 있는 영빈관으로 대통령이 이동하는 3~5분 동안 정부가 한 해 동안 어떤 일을 하려고 하는지 영상으로 만들어서 내보내기로 했다. 대통령은 입장 음악과 함께 영빈관에 입장하면서 기자들과 자연스럽게 악수하거나 인사를 나누고 약간 빠른 걸음(이것이 분위기를 역동적으로 보이게 만드는 포인트 중 하나였다)으로 단상에 올라간 뒤, 지체 없이 대통령 휘장이 새겨진 회견용 책상에 앉아 질의응답을 시작하도록 구상했다.

기자들의 질의는 외교, 안보, 경제, 정치, 문화 등 영역별로 나누어 받기로 했다. 가능하면 지난해 성과와 앞으로의 계획을 두루 이야기할 수 있도록 준비했다. 시작과 끝에는 우리 정부의 다짐을 담은 노래들을 선정해 BGM으로 송출했다. 〈걱정말아요 그대〉와 〈바람이 불어오는 곳〉을 선곡해 틀었다.

대통령 책상 위에는 국내 업체가 만든 만년필과 연필, 네임펜을 놓았고, 역시 국내 업체가 만든 모니터에 질문의 주요 내용을 요약해 띄웠다. 대통령의 넥타이와 양복 색깔은 기자회견장 세트와 맞추었다.

어떤 장면을 보더라도 어떤 대목을 듣더라도 짜임새 있게 느낄 수 있도록 했다. 이를 위해 입장 시간, 영상 송출 타이밍, 인사를 나누고 자리에 앉는 동선 등을 대역을 써서 리허설했다. 주어진 모든 시간을 쪼개 신scene으로 구분했다.

그러나 이날 기자회견은 연출자 입장에서는 '폭망'이었다.

대통령은 계획대로 움직이지 않으셨고, 기자들은 주제 구분 없이 아무 때나 하고 싶은 질문을 했고, 준비한 영상이 나갈 때 각 방송사는 영상을 내보내는 대신 대통령 신년사를 놓고 스튜디오에서 앵커 멘트를 했다. 심지어 100분이라는 생방송 시간도 늘어나 중계 스탭과 청와대 스탭들 모두 심장이 쪼그라들었다. 그렇게 기자회견은 끝났다.

나는 '망했다' 싶어 영빈관 구석에 찌그러져 있었다. 그런데 여러 사람이 나에게 와서 정말 멋진 기자회견이었다며 고생했다는 격려와 칭찬을 했다. 당일 언론에서는 '각본 없는 기자회견'이 화제였다. 나로서는 회견 전체에 걸쳐 많은 장치를 기획했지만 단 한 장면, 각본 없이 대통령과 기자들이 질의응답 하는 모습 그 하나로 그날 기자회견은 성공했고 사람들의 기억 속에 남게 되었다.

'포커스 인'은 이런 것이다. 가장 중요한 장면 하나를 선택하고 그 장면을 위해 다른 장면들을 버리는 것. 모든 장면에 힘을 주고 주목받길 원해봐야 바라는 대로 되지 않는다. 그래서 한 장면을 위해 다른 장면들을 배경으로 만들 줄 아는 것이 똑똑한 연출 기법이다.

포커스 인이 명징한 한 가지를 만들어내는 것이라면 '포커스 아웃'은 주제를 담은 장면을 일부러 흐릿하게 만드는 것이다. 사람들을 주제로 끌고 가는 게 아니라 저마다 감상을 가질 수 있도록 열어주는 것이라고 해도 좋다. 포커스 인을 너무 강조하면 억지스러워 보이거나 신파가 되기도 한다. 보는 사람 마음은 그저 그런데 만든 사람들의 감정 과잉이 느껴져 불편하기도 하다. 이런 경우 주제를 흐릿하게 만드는 것도 효과적이다.

문재인 정부가 들어서고 첫 번째 현충일 추념식 때 국가를 위해 헌신하다 목숨을 잃은 많은 군경, 공무원에 대한 애도를 구체적으로 표현하고 싶었다. 하지만 나조차도 현충일에 그런 감정이 들기보다는 그저 공휴일, 하루 쉬는 날 정도로 생각하며 살아왔기 때문에 국가 기념식에서 애도하는 마음이 생기도록 할 자신이 없었다. 서글픈 근조 시 낭송도, 애달픈 사연도, 묵념도, 현장에 참석한 사람들과 방송으로 기념식을 보는 사람들의 감정을 끌고 가지 못할 것 같았다.

방법을 바꾸어보기로 했다. 현충일 클리셰가 된 전쟁 영웅 이야기가 아니라 많은 사람이 체험했던 '군인' 이야기를 노래로 전달하고, 거기에 어떤 영상이나 메시지를 넣지 않음으로써 각자의 기억과 추억 그리고 어느 한순간 한 번쯤은 생각해봤을 국가에 대한 개인의 애정을 떠올리게 해야겠다고 마음먹었다.

여러 노래를 듣다가 김민기 선생의 〈늙은 군인의 노래〉를 선택했다. 군사정권 시대 금지 가요였다는 점과 가사 내용도 고려했다. 가창은 최백호 선생에게 부탁했다. 왜 이 노래를 선정하고 연주하는지에 대해서는 설명하지 않았고, 그저 현충일 추념식 맨 마지막 순서로 연주했다.

이날 〈늙은 군인의 노래〉는 현충일 메시지보다 더 많이 회자했다. 노래를 불렀던 최백호 선생도, 곡을 썼던 김민기 선생도 좋았다고 평가했다는 후문도 들었다. 그리고 무엇보다 관심 없던 현충일 추념식에 처음으로 눈물이 났다는 참석자들과 시청자들의 후기도 읽을 수 있었다.

굳이 직접적으로 드러내지 않아도, 모두 여기를 보라고 말하지 않아도, 오히려 이렇게 조곤조곤 조용히 낮게 흐릿하게 만들어내는 편이 더 효과적이다. 성공적인 포커스 아웃 연출이었다.

최백호 - 〈늙은 군인의 노래〉

비유와
상징

우리가 일상에서 쓰는 표현을 가만히 살펴보면 놀라울 때가
많다. '귀가 안 들린다'는 표현 대신 '귀가 어둡다'를 쓰고, '수
준이 높다'는 표현 대신 '눈이 높다'고 쓴다. 일상을 떠나 문학
예술로 가면 더욱 다양한 표현의 향연이 펼쳐진다.

밤중을 지난 무렵인지 죽은 듯이 고요한 속에서 짐승 같은
달의 숨소리가 손에 잡힐 듯이 들리며 콩 포기와 옥수수 잎
새가 한층 달에 푸르게 젖었다. 산허리는 온통 메밀밭이어
서 피기 시작한 꽃이 소금을 뿌린 듯이 흐뭇한 달빛에 숨이
막힐 지경이다.
— 이효석,《메밀꽃 필 무렵》중에서

이런 표현들은 정말이지 숨이 막힐 지경이다. 대통령 연설

이나 기념식 사회자 멘트 등을 통해 전달되는 문장들도 이렇게 완벽한 비유를 가질 때 사람들을 행사에 몰입하게 만든다. 70주년 6·25전쟁 기념식 때 배우 유승호가 유해로 돌아온 참전 용사들을 향해 편지를 읽었던 순서가 있었다. 전문을 옮겨본다.

친구에게

허락하신다면 나는 당신을 친구라 부르고 싶습니다.
1950년 짧은 생이 멈춘 그 순간 이후로,
당신은 나와 같은 20대 청년이기에
나는 당신을 친구라 부르며 당신의 그날을
오늘 눈앞에 펼쳐보려 합니다.

친구여,
갑작스러운 국가의 부름을 받고 집을 나서던 순간,
얼마나 두려우셨습니까.

서둘러 따뜻한 밥을 짓던
어머니의 손을 놓고 돌아서며
얼마나 목이 메셨습니까.

친구여,

그럼에도 당신은 낡은 군복과

소총 한 자루를 움켜쥐고 전선으로 향했습니다.

지옥 같은 전장에 도착했을 때

당신은 누구보다도 더 용감하게 싸웠습니다.

때로는 태양을 짊어진 듯 뜨거운 폭염 아래서

때로는 수통의 물마저 얼려버리는

칼날 같은 겨울바람 속에서

전우들의 죽음을 너머

끝없이 전진했습니다.

친구여,

그 고통스러운 나날들을 어찌 견디셨습니까.

매일 밤 찾아오는 두려움을 어찌 이겨내셨습니까.

포탄처럼 날아오는 번뇌와 서글픔을 어찌 삼키셨습니까.

그리고 마지막 순간엔

누구를 떠올리며 눈을 감으셨습니까.

친구여,

당신이 총탄을 피해 숨은 낡은 집은,

이제 학생들이 뛰어노는 학교가 되었습니다.

잠시 가족의 사진을 꺼내 보던 고단했던 행군로는,

이제 젊은이들의 자전거 길이 되었습니다.

다시 돌아가지 못하는 고향마을은

많은 사람이 모여 사는 큰 도시가 되었습니다.

친구여,

당신이 지켜낸 땅 위에서

저는 오늘 평화로운 하루를 보냈습니다.

당신이 지켜낸 땅 위에서

우리는 또 이렇게 윤택한 하루를 보냈습니다

친구여, 잊지 않겠습니다.

당신의 어머니가 단 한 순간도 당신을 잊지 않았던 것처럼,

우리도 영원히 기억하겠습니다.

2020년 6월 25일 영웅의 친구가

우리는 흔히 전쟁 영웅, 6·25전쟁 참전 유공자를 떠올릴 때 노병이나 연세 많은 할아버지를 떠올리게 된다. 하지만 실제 그들이 참전했을 때 나이는 20대였을 것이다. 배우 유승호의 편지는 사람들로 하여금 그들이 20대였다는 사실을 떠올리게 하며 참전 용사들의 죽음과 희생을 더 분명하게 전달할 수 있었다.

상징의 활용도 중요하다. 상징을 단순한 심볼symbol이나 기호sign로만 이해해서는 안 된다. 상징은 인간만이 할 수 있는 연상 작용이다. 그것을 통해 다른 것을 떠올릴 수 있는 놀라운 능력이다. 해가 빛과 생명을 상징하고, 호랑이가 용맹함을 상징하고, 포도가 풍요와 행복을 상징하고, 눈이 평화와 추억을 상징하고, 나무가 자연의 생명력을 상징하고, 바다가 먼 미지의 세계를 상징하고, 강이 역사를 상징하고….

무엇을 보는 순간 다른 무엇을 떠올릴 수 있다는 것은 집단적, 사회적 경험에서 나온 것도 있지만 지극히 개인적인 기억으로도 만들어진다. 그래서 상징을 연출 기법으로 사용할 때는 매우 섬세해야 한다.

국가 기념식을 기획하다 보면 구성 중에 애국심을 표현해야 할 일이 많았다. 대통령 메시지나 사회자 대본에 반영할 수도 있지만, 아무래도 애국심을 말로 풀어내면 너무나 상투적이 되고 사람들의 감정을 끌어내기 어렵다. 생각으로 갖고 있을 때는 뭉클한데 말로 해버리면 감동이 사라지는 것들이 있다. 애국심, 사랑, 아픔 같은 게 그렇다. 그럴 때는 비유와 상징으로 표현하는 방법을 활용하는 것이 좋다.

3·1운동 기념식에서 건물 전체를 태극기로 감싼 적이 있다. 행사 장소가 서대문 형무소였는데 수많은 애국지사가 끌려와 고초를 겪었던 곳이기에 태극기를 상징으로 활용했다. 지금 사용하고 있는 태극기 이전에 다양한 형태와 사연을 가진 태극기를 국민의례에 등장시킨 것도 그때가 처음 아니었나 싶다. 일제강점기 진관사에서 몰래 숨겨 놓았던 태극기, 임시정부 관계자들이 서명한 태극기, 자수로 만든 태극기, 대한제국 시절 고종이 미국 외교 고문이었던 데니O. N. Denny (1838~1900)에게 하사했었던 태극기를 의장대가 들고나오도록 연출했었다.

국군의 날 행사 때에는 한국 최초로 SLBM(잠수함발사탄도미사일) 발사에 성공했던 잠수함인 도산 안창호함에 태극기를 부착하고 국기에 대한 경례를 진행한 적도 있고, 6·25전쟁 당시 유엔군의 참전을 기념하고 감사를 표시하기 위해 참전 국가 깃발을 달고 고공 강하하는 프로그램을 만든 적도 있다. 모두 깃발을 상징으로 놓고 주제를 표현하려 했다.

대통령 말씀 때문에 상징이 된 경우도 있었다. 취임 초 대통령이 용산소방서를 방문한 적이 있었다. 용산소방서를 방문한 까닭은 용산구 다가구주택 화재 현장에 투입되어 불 속에 고립되었던 시민들을 구출했던 최길수(소방교) 소방관과 김성수(소방위) 소방관을 격려하기 위해서이기도 했다.

화재에서 소방관들은 온 힘을 다해 생명을 구해냈지만, 최 소방관과 김 소방관은 각각 3도 화상과 허리 골절 등 상해를 입기도 했다. 그날 소방관들을 만난 자리에서 대통령은 "2015년에도 소방관에 대한 처우가 부족하다고 했는데, 그 이후에도 달라진 게 전혀 없습니다. 다만 그때는 저도 소방관 여러분과 함께 처우 개선을 촉구하는 입장이었지만, 지금은 책임지고 추진할 수 있는 입장이 됐다는 것이 아주 다행입니다"라고 말씀하셨다.

또 그 자리에 전시된 최길수 소방관의 장구를 보면서 "이게 최길수 소방관의 장구입니까? 잘 보존해야겠습니다. 정말 귀감이 됩니다"라며 한참 동안 불에 그을리고 녹아내린 장구를 살펴보기도 했다. 그날 모든 뉴스에 불에 그을린 장구가 등장했고, 이것은 소방관 국가직화에 상징적인 메시지와 이미지가 되었다.

유승호의 '영웅에게'

형식의
탄생

형식주의는 상당히 객관적이고 과학적인 비평을 추구했던 유파에서 비롯되었다. 그들은 '예술의 표현 수단'에 방점을 찍었다. 형식과 기법이야말로 표현하고자 하는 것을 제대로 드러나게 해준다고 확신했던 사람들이었다.

기획과 연출에서 형식은 중요하다. 마치 음식을 담아내는 그릇과 같다. 그릇에 무엇을 담느냐도 중요하지만 어떤 그릇에 담아내느냐로 그 가치가 바뀌기도 한다. 게다가 요즘은 플레이팅plating의 시대이기도 하니까.

국가가 탄생하고 사회적 합의나 필요에 의해 여러 행사가 만들어졌다. 그러나 국가 주도, 관 주도 행사를 살펴보면 내용은 없고 형식만 남은 경우가 많다. 기념식이나 추념식, 경축식 등이 특히 그러했다.

국기에 대한 경례는 왜 하는지, 애국가는 왜 제창해야 하는지, 만세삼창은 어째서 맨 마지막에 모두가 함께하는 것인지, 조시弔詩, 헌화, 묵념은 왜 하필 그 순서 그 순간에 하는 것인지…. 참석자의 좌석 배치, 의전 서열, 무대 위치와 구성, 국기 게양, 의장대 동작, 의장물에 이르기까지 그 모든 것이 형식이다. 형식의 탄생과 의미를 아는 것은 새로운 내용을 채우는 것만큼 중요하다. 형식이 내용을 압도하면 판에 박힌 행사가 되지만, 내용이 마땅찮은 경우 형식이 곧 내용이 되기 때문이다.

대통령이 군 관련 행사를 할 때 연단 위에 서면 가장 먼저 진행되는 형식은 '대통령께 대한 경례'다. 대통령이 참석하는 군 행사는 이것으로 시작해서 이것으로 끝난다. 사회자가 "대통령께 대한 경례"를 말하면 제병 지휘관은 돌아서서 도열한 부대를 향해 "대통령께 대하여 경례"를 외친다. 이때 부대원은 일제히 경례를 하고 경례 구호에 맞추어 〈사성곡〉이 연주된다.

〈사성곡〉은 사성(네 개의 별)을 상징하는 연주곡이다. 같은 멜로디가 네 번 반복되는데 별 하나인 준장에게 경례할 때는 한 번, 별 두 개인 소장에게 할 때는 두 번 하는 식이다. 별 네 개인 군사령관, 각 군 참모총장, 합참의장, 국방부 장관, 대통령 등에게 할 때는 네 번 연주한다. 대통령에게 〈사성곡〉이 연주되는 이유는 대통령이 군 최고 통수권자이기 때문인데, 사실 각 군 사령관, 국방부 장관과 똑같은 곡이 연주되는 것이 맞는지에 관한 논란이 꽤 오랫동안 있었다. 대통령에게는 네 번이 아니라 다섯 번을 연주해야 하는 것 아니냐는 문제 제기였다.

내가 대통령 의전비서관으로 일할 때도 이러한 문제 제기가 있어서 국내외 사례를 유심히 살펴보았다. 일단 대통령에게 군 장성과 같은 곡이 연주되는 경우는 한국 외에는 없었고, 각국 수반에게 연주되는 곡이 따로 있었다. 한국 대통령에게만 이러한 의례가 생긴 것은 박정희 대통령 재임 시기였다. 아마도 군사쿠데타로 정권을 잡고 대통령으로 취임하기 전 군인 신분으로 실질적인 통치 권력을 행사했기 때문이라고 추측한다.

〈사성곡〉 연주가 끝나면 바로 경례를 받는 것이 아니라 이어서 〈봉황곡〉이라는 대통령 의전 곡이 연주된다. 〈봉황곡〉은 대통령의 상징 휘장인 봉황을 의미하는 것으로 역시 박정희 대통령 재임 기간 만들어져 지금까지 대통령 의전 곡으로 쓰였다. 의전 곡이기는 하지만 모든 행사에 다 쓰이는 것은 아니고 대통령이 경례를 받을 때만 쓰인다. 문재인 정부 때는 군 행사를 제외한 다른 의례에서는 〈미스터 프레지던트〉라는 곡을 사용했다.

〈사성곡〉과 〈봉황곡〉을 이어 붙여 정박대로 연주하면 1분

12초가 소요되는데, 이 시간 동안 경례 자세를 유지하는 것이 의례의 중요한 부분이다. 이때 거수경례를 하지 않는 참석자는 부동자세를 유지해야 한다. 이러한 형식은 대통령에 대한 예의를 갖추고, 국가권력에 경외심을 갖게 만들려는 목적이 있었을 것이다.

국기에 대한 경례, 애국가, 순국선열에 대한 묵념과 같이 국가 기념식에 당연히 들어가는 형식들은 다 이유와 그 유래가 있다. 예컨대 국기에 대한 경례는 애국가 제창과는 별도로 국기에 대한 경례곡에 맞춰서 하지만, 약식인 경우 애국가 1절에 가슴에 손을 얹는 것으로 국기에 대한 경례와 애국가 제창을 대신할 수 있다. 국기에 대한 맹세는 예전에는 모든 참석자가 함께 외쳤으나 이제는 사회자만 읽는 형식으로 바뀌었다. 애국가는 기본적으로 제창(합창)이지만 1절만 하는 경우 연주곡으로 대체할 수 있다. 그러나 주요 기념식에서는 4절까지 완창한다.

묵념은 순국선열에 대한 묵념을 하는데, 순국선열殉國先烈은 나라를 위해 싸우다 죽은 윗대 열사들이라는 뜻이다. 이를 순국선혈殉國鮮血로 오기하는 경우도 종종 있는데, 이렇게 되면 '나라를 위해 흘린 신선한 피'라는 뜻이 되니 주의해야 한다.

매번 새로운 내용을 채워 넣는 것도 무척 어려운 일이지만, 내용보다 형식을 만들어내는 것이 더 어렵다. 형식이 만들어져 있으면 내용은 그 안에 어떻게든 채워 넣으면 되는데, 형식이 없으면 대체 어디서부터 어떻게 해야 할지 막막할 때가 많다. 매번 찾아보던 전례와 관례라는 것도 실은 형식의 다른 말이다. 없던 형식을 새로 만들고 그 형식에 찬사를 받을 때면 무언가 만들어냈다는 뿌듯함이 있었다. 이전에 없었던, 그리고 앞으로 모범이 될 만한 것을 탄생시켰다는 자부심도 든다.

문재인 정부 시기 국내로 봉환되는 6·25전쟁 전사자나 독립 유공자의 유해를 맞이할 때 우리 방공식별구역에 특별기가 진입하면 공군 전투기가 나가 에스코트하는 의례와, 그들을 운구하거나 안장할 때 대통령이 가장 먼저, 그리고 가장 마지막까지 경례하는 형식을 새로 만들었다. 나라를 위해 헌신한 분들을 예우하기 위해서였다.

군인들이 대령에서 준장으로 진급해 처음 별을 달게 될 때 수여되는 삼정검 수여식도 이전에는 국방부 장관이 수여하던 것을 대통령이 직접 모든 대상자에게 수여하도록 만들었으니 새로운 형식이다. 그간의 노고를 치하하고 이제 장군으로서 책임감을 주문하기 위해 만든 형식이다.

대통령 해외 순방 때 한국 문화를 소개하는 공연·문화 행사를 기획한 일도 매번 그렇게 하지는 못했지만 가능하면 해왔던 새로운 시도였다. 대통령 순방이라는 국제적 이벤트에 우리 문화를 소개하는 특별프로그램을 만들어 방문국이 대한민국을 좀 더 알게 하고 싶었다.

형식보다는 내용이 중요하다는 말이 틀린 것은 아니다. 다시 말하지만 어떤 경우는 형식이 곧 내용이 되고, 형식에 사람들이 감동받는 경우도 얼마든지 있다.

73주년 국군의 날 기념식(2021)

한-아세안
정상회의

2019년 열렸던 한-아세안 정상회의는 장소 선정, 전례에 대한 분석, 기존 프로그램 재해석 그리고 과감하고 새로운 시도까지 종합된 행사였다. 행사를 기획하고 연출하면서 내내 우리가 자랑하고 싶은 것보다는 아세안 각국의 자존심과 긍지를 세워 줄 수 있는 것이 무엇일지 생각했다.

다른 정상회의를 보면 초대한 국가가 자기 자랑만 늘어놓는 것이 보기 좋지 않았다. 각 나라를 차별 없이 배려하고 우리 것만 내세우기보다는 모두의 것과 공통의 가치를 메시지에 담아내려 했다.

여러 만찬과 오찬 행사를 기획했었지만 그중 가장 규모가 크고 중요했던 만찬 행사는 '아세안 판타지아(한-아세안 정상회의 만찬 공연)'가 아니었나 싶다. 한-아세안 정상회의를 계기로 열렸던 이 만찬 행사에는 인도네시아, 말레이시아, 필리핀, 싱

가포르, 태국, 베트남, 브루나이, 캄보디아 정상이 참석했던 행사였다. 한-아세안 정상회의가 부산에서 열릴 당시 나는 대통령 행사기획 자문위원으로 일하면서 정상회의 기념 공연, 정상 만찬, 국민 참여 이벤트였던 아세안 푸드 스트리트를 연출했다.

대부분의 정상회의에서 일반 시민은 행사 안전과 보안을 위해 소개疏開하거나 심한 경우 거리가 통제되기도 한다. 하지만 당시 대통령은 우리나라를 찾는 정상들을 예우하면서도 일반 시민의 불편을 최소화해 오히려 정상회의를 환영하는 분위기를 만들어주었으면 한다고 말씀하셨다. 따라서 전에 없는 기획과 연출이 필요했다. 행사를 맡은 각 부처와 청와대 비서실, 경호처까지 이런 관점에서 모든 일정과 내용을 준비하느라 꽤나 고생을 했다.

가장 먼저 시작한 일은 국민의 관심을 끌어내는 일이었다. 앞서 말했지만 정상회의는 정치와 외교에 관심이 별반 없는 국민 입장에서는 차가 막히고 통제가 되는 매우 불편한 행사다. 정상회의를 성공리에 치렀다고 해서 얻는 이익이 무엇인지, 대체 왜 해야 하는 건지도 뉴스를 열심히 보지 않는 한 알기 어렵다. 더군다나 뉴스를 찾아볼 생각조차도 없는 사람들이 많다. 그러니 한-아세안 정상회의에 국민이 관심과 기대를 하게 만드는 일은 쉬운 일이 아니었다.

관계 부처를 통해 받은 자료를 보니 우리가 얻게 될 국가

적 이익과 달라질 한국의 위상을 분석하기도 했고, 용역을 받은 기획사가 만든 홍보 영상물도 있었지만 두루 살펴보니 이런 생각이 들었다. '그래서 나한테 뭐가 좋은 건데?' '나와 아무 상관없고 귀찮기만 한 정상회의'에서 '나도 함께하는 정상회의'를 만드는 작업부터 시작하기로 했다.

일단 정상회의를 국가적 이벤트처럼 느끼도록 만들기 위해 개최지 부산의 관심을 끌어올려야 했다. 매번 그렇지만 시간도, 돈도 부족한 상황에서 부산 전역을 들썩이게 할 수 있는 것이 과연 무엇이 있을까. K-POP 스타 공연, 패션쇼, 그밖에 매번 등장하는 빤한 아이디어들이 나왔다. 문제는 그런 이벤트들은 특정 장소에서만 들썩인다는 것이었다. 부산 전체를 한번에 흔들어놓을 수 있는 것이 필요했다. 그러다 하늘을 보다 문득 아이디어가 하나 떠올랐다.

'아! 부산 전체가 하늘로 이어져 있구나! 하늘에서 할 수 있는 것이 뭐가 있지?' 그때 '에어쇼'가 생각났다. 에어쇼도 관람을 위해서는 특정한 메인 스팟이 필요하다. 하지만 굳이 메인 스팟으로 가지 않아도 도시 어디에서나 어렵지 않게 에어쇼를 볼 수 있도록 비행 루트를 짜기로 했다.

게다가 공군 특수비행팀 '블랙이글스'는 군 자산이니 비용 지출을 줄일 수도 있었다. 우리 기술로 만든 에어쇼용 전투기를 보여주는 것은 그 자체로 방산 수출을 위한 홍보 효과도 얻

하나의 바다, 하나의 하늘 Into the Blue!

어낼 수 있었다. 곧바로 블랙이글스와 협의해서 행사를 준비했다. 통상 국군의 날 행사나 중요한 군 행사에 에어쇼를 보여주기는 하지만 극히 일부이거나 짧은 기동 정도였다. 그러나 이번에는 부산 앞바다와 부산시 전역을 무대로 블랙이글스가 보여줄 수 있는 모든 것을 다 해보라고 판을 깔아주었다.

부산시도 적극적으로 홍보에 나섰다. 전체 부산 시민에게 보내진 '비행기 소음' 사전 고지 문자는 행사를 알리는 역할도 해주었다. 그렇게 메인 스팟에만 10만 명이 넘는 부산 시민이 모여 에어쇼를 보며 즐거워했고, 부산의 각 지역에서 비행기를 봤다는 후기가 올라왔다. 덕분에 부산에서 곧 정상회담이 열리고 아세안 각국의 정상이 모인다는 사실을 알릴 수 있었다.

에어쇼에 이어 참가국의 거리 음식을 페스티벌 형태로 운영하는 '아세안 푸드 스트리트' 행사도 성황이었다. 이 두 행사 덕분에 대통령이 지시한 '국민과 함께하는 정상회의'라는 초유의 콘셉트는 어느 정도 구현이 되었다. 사전 행사들이 성공하면서 본 행사, 특히 정상 만찬과 갈라 공연에 대한 기대도 높아졌다. 개인적으로도 청와대를 나와 '자문위원' 자격으로 한 첫 연출이라 더욱 신경 쓰였다.

이전 개최국들의 만찬 행사를 리뷰해보니 자국 문화의 우수성과 아름다움을 표현하기 바빠 보였다. 필요한 부분이기는 하지만 '한국 + 아세안'이라는 구도가 그려져 있었고, 이미

한국 문화에 대한 관심과 부러움을 가지고 있는 아세안 국가들 앞에서 굳이 또 잘난 척할 필요는 없었다. 따라서 우리 문화를 일방적으로 보여주기보다 아세안 정상들에게 최고 예우를 다하고 한국을 포함한 아세안의 가치와 아름다움을 보여주어야겠다고 마음먹었다.

먼저 정상들의 도착에 맞추어 전통의장대가 환영곡을 연주하도록 했다. 우리 전통음악으로 환영 인사를 하고 난 뒤, 정상들은 의장대장과 외교부 의전장의 에스코트를 받으며 5G·AI를 기반으로 만든 미디어아트 '선향정善響亭'으로 향했고, 그곳에서 가상으로 만든 성덕대왕신종(일명 에밀레종) 앞에서 기념사진을 찍었다.

아세안 국가의 평화와 번영을 상징하는 성덕대왕신종 뒤로는 한국의 수묵산수화를 담은 스크린을 구성했다. 성덕대왕신종은 2003년에 문화재 보호 차원에서 타종이 중지됐는데 만찬을 위해 모형을 설치하고 마지막 타종 소리 음원을 고음질(FLAC)로 16년 만에 복원해 사용했다.

기념사진 촬영을 마친 정상들은 만찬장 전실에 마련된 라운지에서 다른 모든 정상이 도착할 때까지 기다리도록 계획했는데, 이는 모든 정상이 동등하게 공동 입장하기 위해서였다. 라운지에는 각 나라 주요 지역에 관한 책과 참석한 정상들의 자서전, 한국 문화와 관련한 책과 사진집, 나라별 대표

상품과 소품을 준비했다. 정상들이 그것을 보면서 자연스럽게 이야기를 나눌 수 있기를 바랐다.

만찬은 대한민국 대통령 축사로 시작해 건배 제의 후 갈라 공연으로 구성했다. 배우 정우성에게 만찬 진행을 부탁했는데 고맙게도 수락해주었다. 만찬 사회자 역할은 정우성 필모그래피에 처음이자 마지막이 아닐까 싶다.

공연 프로그램은 가수 현아와 디지털 캐릭터로 꾸민 5GX K-POP 퍼포먼스를 먼저 선보였다. 현아와 동작 인식 센서를 장착한 댄서는 디지털 캐릭터 춤 동작으로 실시간 복제(Digital Twin)돼 행사장에 설치된 350인치 대형 스크린에 옮겨졌다. 이는 당시로서는 흔치 않았던 혼합현실(MR, Mixed Reality) 기술을 다른 나라에 소개하기 위해서였다.

정상들이 직접 참여하는 마술쇼도 준비했다. 사실 정상 만찬이란 지루하고 딱딱할 수밖에 없는데 이은결의 마술쇼 덕분에 정상들이 서로 웃기도 하고 놀라워하며 잠시 동안 즐길 수 있었다.

공연의 마지막은 작곡가 정재일이 이번 만찬을 위해 새로 작곡한 〈A Story For Tomorrow〉로 마무리되었다. 이 곡에는 아세안 참가국의 연주자들과 전통악기들이 오케스트라로 구성되었고, 한국에서 유학하고 있는 아세안 보컬리스트와 부산 어린이 합창단이 협연했다. 아시아의 평화와 미래를 주제로 하는 공연은 참석자들과 정상들의 기립 박수를 받았다. 특히 각국 전통악기들이 하모니를 이루며 어우러진 구성과 한국의 자연 풍광을 담은 영상은 감동이었다.

만찬이 종료된 후 정해진 순서에 따라 국가별로 퇴장을 했는데, 이때는 국방부 군악대가 그 나라 노래들을 엄선하여 연주했다. 필리핀 대통령이 퇴장할 때는 필리핀 음악을, 태국 총리가 퇴장할 때는 태국 음악이 연주되는 식이었다.

그렇게 한-아세안 정상회의 만찬과 갈라 공연, 정상들의 퇴장까지 모두 끝이 났다. 돌이켜 봐도 참 긴장되는 시간이었다. 작은 실수 하나도 있어서는 안 됐고, 모든 것이 완벽해야만 했던 행사였기 때문에 여러 번 수정하고 리허설을 반복했다. 조금이라도 문제가 될 우려가 있으면 아무리 공을 들였어도 프로그램을 바로 취소했다. 때문에 한참을 준비했지만 정작 본 행사 때는 보여주지 못한 것도 있었다.

요즘도 가끔 부산에 가면 그 행사가 생각난다. 에어쇼의 굉음이 들리는 것 같고, 아세안 푸드 스트리트의 여러 음식 냄새가 나는 것도 같고, 배우 정우성의 어색하면서도 진지했던 '진행'도 생각난다. 무엇보다 부산 시민이 정상회의 준비와 실행 과정에서 큰 불만 없이 즐거워하던 모습이 그립다.

글과
그림

이미지와 텍스트는 차이가 분명하다.

　이미지는 맥락과 설명이 없어도 그 자체로 납득할 수 있고, 텍스트는 기승전결의 구성과 해석을 통해 이해하는 것이다. 이미지는 구성을 생략함으로써 날카롭게 본질을 찔러 들어가는 힘이 있다. 그래서 충격적이고 분명하게 메시지를 전달한다. 텍스트는 메시지에 도달하기 위한 과정이 메시지만큼이나 중요하다. '발단 → 전개 → 위기 → 절정 → 결말'에 이르는 모든 과정이 각기 다른 메시지가 될 수 있고 마지막 결론을 위한 과정일 수도 있다. 이 사이에 여러 복선과 암시, 오해가 심겨 있기도 하다.

　그러나 둘 다 완벽한 방법은 아니다.

　구체적인 이미지는 일체의 다른 연상을 가로막고 오직 그것만으로 집중하게 만든다. 상상력이 사라지고 모두가 똑같은 장면에 천착하게 된다. 그런가 하면 언제나 다양한 해석이 가능한 텍스트는 특정 의미로 쓰여도 달리 해석될 수 있고, 행간과 맥락에 따라 전혀 엉뚱한 결론에 이르게 할 수도 있다. 무슨 뜻인지 모르게 되는 경우도 많다.

문자로 모든 정보를 얻고 해석하고 전달하던 시기에는 그래서 모호한 구석이 많았던 것 같다. 아름다운 전설과 신화, 가려진 비밀, 음모 등 모든 이야기는 문자 시대의 유산이라 할 수 있다. 요즘은 전통적인 책 읽기와 쓰기를 제외하고는 텍스트 그 자체의 힘으로 제작되고 소비되는 콘텐츠는 많이 사라졌다.

텍스트는 여전히 이야기를 만들어가는 '뼈대'이지만, 텍스트를 지우고 이미지만으로 앞뒤 이야기를 붙이거나 소리와 다른 감각을 더하는 형식도 만들어진 지 오래되었다. 요즘은 아예 서사 자체를 생략하고 특정한 장면(이미지)의 반복을 통해 메시지를 만들거나, 되레 메시지가 없다는 게 '힙'하고 '쿨'한 것이라는 분위기도 있다.

텍스트는 각자의 해석을 존중해주는 미덕이 있는 기법이지만, 이미지는 누군가 해석을 선점했을 때 그것으로 몰려가는 경향이 있다. 그러니까 텍스트의 경우 수용자의 해석에 따라 다양성이 어느 정도 인정되지만, 이미지는 누구든 먼저 해석하고 공표해버리면 수용자 각각의 감상보다는 선도적인 해석이 더 먹히게 된다. 이미지가 좀 더 설득하기 쉬운 방법이다.

이 점을 이해하면 행사나 이벤트에서 언제 영상을 활용하고 어떤 이미지를 어떻게 노출할 것인지, 자막은 어느 시점에 들어가야 효과적인지, 스피치와 멘트가 들어가야 할 곳은 어디인지가 분명해진다. 이른바 제작 문법을 알게 되는 것이다. 문법을 알면 주제를 전달하기가 좀 더 수월해지고 표현이 아름다워진다. 어학 공부와 비슷하다. 뜻만 통해도 의사소통은 할 수 있지만 문법이 더해지면 좀 더 세련되고 품격 있는 소통이 가능한 것처럼 말이다.

많은 국민이 보았을 홍범도 장군 봉환식과 안장식은 이전에는 없었던 행사였다. 특정 인물을 그 정도 규모와 의전을 갖춰 맞이한 경우가 없었다. 앞으로도 안중근 의사 정도만이 그런 예우를 받을 수 있지 않을까 싶다.

홍범도 장군의 봉환식은 카자흐스탄 크즐오르다 상공을 선회하는 특별기에서 시작했다. 장군이 인생의 마지막을 보냈던 카자흐스탄 상공을 선회한 이유는 장군이 살아서 그 순간을 맞이했다면 그곳을 떠나면서 한 번쯤은 돌아보고 싶지 않으셨을까 하는 상상 때문이었다. 아마 카자흐스탄에서 여러 고초를 겪기도 했을 것이고, 울분과 비애를 느끼기도 했을 것이고, 고마운 마음도 있었을 것이다. 그래서 마지막으로 한 번쯤은 그곳을 돌아보고 싶었을 것만 같았다. 그리고 이 장면

은 유해를 싣고 돌아오는 우리 특사단이 물끄러미 창밖을 바라보는 모습을 영상으로 표현하는 것이 가장 효과적이라 생각했다.

장군이 대한민국 땅에 착륙했을 때, 지상에서는 국빈 방문이나 의장대 사열 때 등장하는 육해공군기, 합참기, 국방부기, 태극기를 배치했다. 대한독립군 총사령관인 홍범도 장군에 맞는 의전을 하기 위해서였다. 이 장면은 이미지로 보여주어야 했다. 굳이 설명하지 않아도 깃발만으로도 장군의 권위가 드러날 수 있었으면 했기 때문이다.

그다음은 유해를 하관하여 제단에 모시는 과정이었다. 의장대 중에서도 선발된 인원이 유해가 모셔진 관을 들고 특별기에서 리프트를 통해 내려왔다. 장군이 해방된 조국 땅에 첫발을 내딛는 순간이었다. 유해 앞 영정은 이미지였지만 의장대 예식 동작은 전부 영상으로 보여줄 필요가 있었다. 절도 있게 내딛는 발걸음과 손동작 하나까지도 장군에 대한 우리 국민의 존경을 상징하는 행위였다. 이 역시 어떤 부연 설명이나 해설이 필요하지 않다고 생각했다. 그래서 영상을 통한 동작으로 표현해야 마땅했다.

그리고 애국가. 여러 번 목이 메도록 불렀을 것이 분명한 옛 곡조의 애국가를 국방부 성악병이 부르도록 했다. 유명한 성악가나 뮤지션이 부를 수도 있었겠지만, 그보다는 복무 중인 현역 군인이 부르는 것이 맞다고 생각했다. 애국가의 가사 "동해 물과 백두산이 마르고 닳도록 하느님이 보우하사 우리나라 만세"가 그저 흘러가는 텍스트가 아니라, 한 음절 한 음절마다 절절하고 슬프고 기쁘고 벅차게 들렸으면 싶었다.

유해가 하관되어 제단에 봉헌되고 묵념과 헌화가 이어지고 다시 운구되는 모든 과정에 단 한마디의 안내와 연설, 설명을 넣지 않았다. 그 누구도, 대통령조차도 연설하는 순서가 없었다. 이날 텍스트는 애국가로 충분했다. 101년 만에 고국으로 돌아오는 홍범도 장군 유해 앞에서 어떤 문장이, 어떤 소감이 그 한을 담아낼 수 있을까. 말이 없는 것이 그 순간 가장 어울리는 형식이라 생각했다. 때로는 무언無言이 더 많은 말을 전해주기도 한다.

이미지와 텍스트를 사용할 때 반드시 되짚어봐야 한다. 지금이 꼭 필요한 순간인지. 꼭 필요하지 않다면 굳이 넣지 않는 편이 낫다.

홍범도 장군 유해 안장식 〈장군의 귀환〉(2021)

제목
정하기

제목 정하기는 참 쉽지 않다. 가끔 단박에 떠오를 때도 있지만 아주 드문 경우다.

기획 과정에서 제목이 정해지면 일하기가 정말 수월하다. 좋은 제목은 주제와 구성, 특징을 자연스럽게 드러내어 준다. 나는 일단 제목과 테마음악이 정해져야 구체적인 아이디어가 생각나는 편인데 그 첫 과정이 풀리지 않아서 마지막까지 고생했던 적이 많았다.

현충일, 광복절, 3·1절, 국군의 날, 경찰의 날, 소방의 날 등 반복되는 기념식을 구성할 때 각각 제목을 따로 정한 것은 문재인 정부 때부터다. 매번 그렇게 한 것은 아니지만 되도록 별도 제목을 정하려고 했다. 이전까지는 '제○○주년 현충일 추념식'을 행사 제목으로 사용했다. 이런 방식으로는 국민들이 기념식이나 추념식을 따분한 국가 행사로만 생각할 것 같아 매해 행사마다 주제를 정하고 주제에 맞도록 제목을 붙이기 시작했다.

아무리 고심해도 제목이 나오지 않을 때는 일단 현장에 가본다. 행사가 치러질 현장에 가보면 사무실에서 상상하거나 보고서 텍스트로만 보는 것보다 구체적인 이미지들과 만날 수 있게 된다.

63주년 현충일 추념식 행사 제목으로 삼은 〈대한민국이란 이름으로 당신을 기억하겠습니다〉의 모티브는 무연고 묘역에 안장되어 있는 고 김기억 중사 묘비 앞에서였고, 홍범도 장군 안장식 제목인 〈장군의 귀환〉은 카자흐스탄 크즐오르다에서 처음 홍범도 장군 묘역을 참배했을 때 생각났다. 남측예술단 평양 공연 제목인 〈봄이 온다〉 역시 평양을 답사하고 돌아오는 비행기에서 꽂힌 제목이며, 판문점 회담 환송 공연 제목인 〈하나의 봄〉도 판문점 회담 전날 리허설 때 생각해냈다.

주제를 표현한 테마음악이나 각 행사마다 꼭 넣었던 공연 레퍼토리에서도 제목을 만나게 될 때가 있다. 제6회 서해수호의 날 기념식 제목인 〈이 몸과 마음을 다 바쳤나니〉는 해군가 가사에서 따왔고, 103주년 3·1절 기념식 제목 〈대한사람 대한으로〉는 다들 알다시피 애국가에서 차용했다.

행사 세부 프로그램을 구성하다가 제목을 찾아내는 경우도 종종 있었다. 58주년 소방의 날 기념식 때 소설가 김훈 선생께 부탁해 내레이션 원고를 받았는데 그중에 "살려서 돌아오라. 그리고 살아서 돌아오라"라는 명문이 있어 아예 그 문장을 제목으로 삼은 적도 있다. 임기 마지막 73주년 국군의 날 행사 제목 〈피스메이커〉는 행사 마지막 전력 시범을 보일 때 시나리오를 쓰다가 생각이 났고, 75주년 광복절 기념식 제목 〈우리나라〉와 73주년 광복절 기념식 제목 〈평화〉도 구체적인 프로그램을 구성하다가 찾았다.

제목을 찾는 일에 특별한 방법이나 순서가 있지는 않다. 다만 현장에서, 음악에서, 프로그램에서 찾아야 여러모로 수월하게 주제에 부합하는 제목을 찾을 수 있다. 행사가 진행될 장소의 상징성, 행사에 사용할 음악이 주는 은유적 감정 등은 관객들이 행사 주제에 동의할 수 있도록 하는 적합한 제목을 함의하고 있다. 행사는 여러 개의 순서로 진행되고 모든 순서는 각각 프로그램이 되니 세부적인 구성에서 제목을 얻거나 제목의 단서를 얻어낼 수도 있다. 그러니 제목 정하기가 난항에 빠지면 현장과 음악과 구성을 돌아보자.

좋은 제목은 프로젝트의 첫인상이다. 제목 자체는 텍스트이지만 이미지처럼 명징할수록 좋은 제목이다. 구체적인 그림이나 상황, 무엇을 보여줄지를 예고한다. 관객들은 제목만으로도 이미 많은 부분을 '감상'한다. 좋은 제목이 곧 좋은 행사의 시작이다.

장소가
전부다

2023년 연출 복귀작인 〈더 뷰티풀〉을 준비했다. 원래는 〈김어준의 뉴스공장〉에 출연했던 다양한 아티스트를 초청해 방송 시청자 1천~2천 명 정도를 대상으로 하는 소박한(?) 공연을 준비할 생각이었다.

그런데 의외로 신청자가 폭주하여 며칠 만에 2만여 명 가까이가 되어버렸다. 기분 좋은 일이었지만 프로그램 내용이나 기본 구상도 바꾸어야 했다. 무엇보다 공연장을 빨리 찾아야 했다. 문제는 2만 명을 한번에 수용할 수 있는 수도권 공연장이 한 곳밖에 없다는 것이었다. 게다가 김어준이라면 못마땅한 사람이 지천이니(게다가 탁현민도 있다니!) 원하는 날짜에 원하는 대로 대관이 될 리 만무했다. 결국 2023년 12월에 하려던 공연을 기약 없이 미뤄야만 했다.

예전에도 비슷한 어려움을 겪은 기억이 있다. 〈나는 꼼수다〉 토크쇼를 만들어 전국 투어를 할 때였는데, 대관을 신청한 공연장마다 손사래를 쳐서 갈 곳이 없던 적이 많았다. 실무자 선에서는 문제가 없어 계약서를 쓰러 가면 갑자기 누군가 나타나 이런저런 이유로 대관을 거절한 적도 있고, 아예 면전에서 "정치적인 공연은 안 됩니다"라는 말을 듣고 대판 싸웠던 일도 있었다.

대체 민주주의 나라에서 기획자나 연출가 또는 공연 내용이 일부 정치적이라 해도 어떻게 그것 때문에 대관이 안 된다고 버젓이 이야기할 수 있는 건지 싶었다. 표현의 자유가 있는 나라에서 이게 가능한가 싶어 헌법소원이라도 낼까 했는데, 그건 헌법소원으로 해결될 문제가 아니라는 법조인 조언을 듣고 포기했었다. 가장 황당했던 경우는 대전의 어느 대학에서 공연을 하기로 모든 절차를 다 마쳤는데 갑자기 연락이 와 공연 전날 대관이 취소된 일이었다.

문재인 정부가 들어선 이후에는 개인적인 공연을 연출할 일도 없었지만 국가 행사나 기념식, 기타 일정 때문에 장소를 찾아다닐 때는 한 번도 거절당한 적이 없었다. 민간이든 기업이든 정부 산하기관이든 협조적인 걸 넘어 "제발 저희 공연장에서 해주십시오"라는 말도 많이 들었다. 〈더 뷰티풀〉 공연을 앞두고 다시 여러 거절을 당할 때 격세지감을 느꼈다. 언젠가 정권이 다시 바뀌고 정치판이 바뀌면 이번에 거절했던 여러 공연장이 또다시 두 팔 벌려 환영할지도 모르겠다.

하고 싶은 말은 '장소가 전부'라는 것이다. 실제로 공연을 만들려면 물리적으로 공연장이 필요하고, 어떤 장소를 선택하느냐에 따라 그 자체로 강하게 주제와 메시지를 전달하게 된다.

공연장 선정에 어려움이 없던 문재인 정부 시절에도 장소를 두고 5년 내내 고민을 많이 했다. 대관이 어려워서 고민했던 것은 아니고 준비하는 행사나 일정에 어울리는 장소인지가 고민이었다. 언제부터인지 모르겠지만 대부분 국가 기념식은 정해진 장소가 있었다. 청와대, 세종문화회관, 서울 현충원, 천안 독립기념관이 그런 장소들이다. 매해 다양한 행사가 기획됐지만 대통령이 참석하는 주요 기념식 장소는 이곳들에서 크게 벗어나지 않는 것이 전례였다.

이러한 전례들에도 나름 합리적인 이유가 있었다. 일단 대통령의 이동이 용이해야 하고, 행사 성격과 딱 떨어져야 하고 (이를테면 현충일은 현충원), 주요 인사들의 안전과 참석자들에 대한 통제를 고려해야 하고, 무엇보다 같은 행사를 치렀던 경험이 있는 장소여야 했다. 그러나 이러한 이유는 결국 행사를 기획하고 운영하는 쪽의 편의만을 고려한 것이다. 국가 행사는 모든 국민이 그 취지를 되새겨 볼 수 있도록 만들어야 한다. 이 부분을 도외시하고 그저 행사를 안전하고 편하게 '치러내는' 데에 목적을 두었던 장소 선정이었다.

행사 기획 책임을 맡은 지 얼마 지나지 않아 대통령이 내게 직접 말씀하신 적이 있다. "이제부터 국가 행사는 그 취지에 맞는 장소에서 의미를 살리면서 했으면 합니다." 어느 해 3·1절 기념식은 구체적인 장소까지 언급한 적이 있을 정도로 분명하게 지시하셨다. 그때는 꼭 그 지시가 아니었어도 '알아서 잘할 텐데' 싶은 생각도 있었지만, 지금 와서 생각해보니 그때 대통령이 그런 지시를 했기 때문에 더 열심히 장소를 찾아다녔던 것 같기도 하다.

딱 들어맞는 장소를 찾으려면 우선 해야 하는 것이 있다. 행사 규모, 프로그램, 세밀한 연출 기법보다 먼저 주제에 주목해야 한다. 어떤 이야기를 하려고 하는지, 그 장소에 서면 무엇을 연상할 수 있는지가 먼저다. 그 장소에 직접 앉아 행사를 지켜볼 사람들은 물론 중계방송이나 영상을 통해 보게 될 사람들까지도 공감할 수 있어야 한다.

주제를 제외한 모든 요소는 어느 정도 극복해낼 수 있다. 참가자는 줄일 수 있고, 프로그램은 바꿀 수 있고, 연출 기법은 다시 연구해볼 수 있다. 그러나 주제가 분명치 않고 이를 제대로 전달할 수 없으면, 무대와 연출이 아무리 웅장하고 화려하더라도 사람들의 공감과 감동을 끌어내기 어렵다.

장소는 곧 주제를 드러내는 가장 효과적인 장치다. 주로 서울 현충원에서 엄수되었던 현충일 추념식을 대전 현충원으로 옮겼던 적이 있다. 이유는 서울 현충원이 대통령부터 고위급 장성들이 모셔져 있는 반면 대전 현충원은 병사들이나 이름 없이 헌신한 그리고 비교적 최근에 돌아가신 분들을 모시고 있기 때문이었다. 박제된 현충일이 아닌 기억이 살아 있는 현충일, 유명한 누군가가 아닌 평범한 사람들, 그러나 국가를 위해 누구보다 헌신했던 사람들을 찾아가는 현충일이라는 주제 때문이었다.

매해 대통령이 청와대에서 받던 부처별 업무보고도 대통령이 세종시로 내려가 실제로 각 부처가 일하고 있는 장소에 가서 보고를 받고 토론도 하고 간담회와 식사까지 함께하는 것으로 바꾸었다. 그날 하루만이라도 정부부처가 대통령과 함께 일하고 있다는 기분을 느끼게 하려 했다.

중소기업 활성화를 위한 일정들 역시 정부종합청사 같은 곳이 아닌 전시회 장소를 대통령이 찾아가 실시간 판매 방송에 직접 출연하여 물건을 홍보하고 파는 쇼호스트 역할을 하기도 했다. 또 성수동 수제화 가게에 직접 들러 신발을 맞추는 것으로 행사를 기획하기도 했다. 문재인 정부 내내 아픈 손가락이었던 부동산 관련 일정도 좀 더 구체적으로 주제를 전달하고자 오류동 행복주택에 입주한 신혼부부 집을 방문하거나 동탄 아파트 단지에서 관련 보고를 받고 회의를 했다.

그중 가장 반발이 컸던 것은 국군의 날 장소 변경이었다. 이전 정부까지 통상 국군의 날 기념식은 육해공군 본부가 있는 계룡대에서 진행하거나 퍼레이드를 위해 성남비행장에서 진행했었다. 하지만 문재인 정부에서는 매해 육해공군, 해병대가 순서대로 행사를 주관하도록 했고, 임기 첫해는 진해 해군기지, 이듬해부터 용산 전쟁기념관, 대전 공군기지, 육군특수전사령부, 포항 도구해안 등으로 각 군과 직접 관련 있는 군기지나 장소에서 연출했다.

계룡대에서 장소를 다른 곳으로 바꾸는 과정에서 군 장성들의 반발이 많았지만 행사가 끝나면 다들 만족스러워했다. 특히 용산 전쟁기념관에서 거행된 건군 70주년 기념식과 문재인 대통령 임기 말에 진행되었던 포항 73주년 국군의 날 기념식은 지금도 회자되곤 한다.

[P.S.]

요즘 국가 기념식을 보면 다시 예전으로 돌아간 것 같다. 기념식을 근본도 없는 용산 대통령실 잔디밭에서 하거나, 같은 장소에서 매번 되풀이되는 경우가 태반이다. 행사장도 커다란 LED를 설치한 트러스 무대와 곳곳에 행사 타이틀과 태극기로 도배해놓은 듯한 모습이다. 어렵게 장소를 선택하고 나서 다시 그 장소를 전부 가리는 LED와 트러스 무대를 세우는 이유는 두 가지다. 하나는 그래야 비용을 쓸 수 있기 때문이고, 또 하나는 딱히 장소와 주제라는 것이 없기 때문이다.

애잔하다.

찾아가는 대통령
서울요양원 방문 행사

다루어야 할 주제가 무겁고 관념적일수록 구체적으로 구성해야 한다. 그러기 위한 효과적인 방법은 '메시지 전달에 합당한 장소'를 찾는 것이다. 딱 맞아떨어지는 장소는 그 자체로 메시지가 된다. 그렇게만 되면 나머지 요소들은 거들기만 해도 된다.

대통령 현장 방문 일정을 시리즈로 만들어 실행했다. 대통령 일정은 어쩔 수 없이 그때그때 상황에 따라 만들어지는 경우가 많다. 이렇다 보니 종종 중요한 정책이 우선순위에서 밀려나 결국 국민의 관심에서 멀어져 추진력이 생기지 않는 경우가 있었다. 그래서 당장 현안은 아니더라도 대통령이 직접 관련 현장을 방문해 점검하는 일정을 주기적으로 만들면 해당 정책이 힘을 받지 않을까 싶은 마음으로 일정을 기획했다. 이 일정을 '찾아가는 대통령'이라 명명하고 매주 장소를 선정해 대선 공약과 정부 주요 정책을 연관 지었다.

'치매 국가책임제'는 대선 공약 중 하나였다. 대통령이 후보 시절 주간 단위로 대선 공약을 발표한 적이 있었는데 그때 다뤄진 적 있었다. 치매 국가책임제와 관련한 현장 방문 장소로는 서울요양원을 선정했다. 치매를 앓고 있는 어르신들을 직접 만나고 치료를 돕는 요양사들의 이야기도 듣고 치매 어르신 가족의 고민과 고충도 청취할 수 있는 장소였다. 그날 대통령은 치매 환자를 위한 원예 교실 수업을 직접 참관했고, 치매 환자 가족 및 돌봄 종사자와 간담회도 했다.

이전 정부까지 대개 대통령 참석 간담회는 사전에 정해진 말들을 주고받는 형태로 구성했지만, 이날은 처음으로 조율된 말들이 아닌 현장 목소리를 듣는 것으로 준비했다. 2017년 당시 기준으로 공식적인 치매 환자는 69만 명이었다. 65세 이상 어르신 열 분 중 한 분이 치매를 앓고 있는 셈이었다. 일정을 진행하기 전 관련 자료와 방문 계획 등을 보고하자 대통령은 우리에게 혹시 가족 중에 치매 어르신이 있는지 물으며 말씀하셨다.

"치매는 환자 본인뿐 아니라 가족도 감당하기 힘든 병입니다. 환자는 기억이 지워지고 자존심을 지킬 수 없게 되며 환자를 돌보는 가족 간의 관계도 깨지는 경우가 있습니다. 저도 집안에 치매를 앓은 어르신이 계셔서 잘 알고 있습니다. 때문에 치매 환자 돌봄은 가족에게만 맡겨서는 안 되며 국가가 함께 책임져야 합니다."

암이나, 다른 어떤 질병보다도 앞으로 치매 환자가 늘어날 수밖에 없고, 병을 앓는 당사자뿐 아니라 가족의 부담과 지역사회의 부담도 더 가중될 것이었다. 그래서 더더욱 치매는 국가가 책임져야 할 부분이라는 게 대통령 생각이었다.

치매 국가책임제와 관련한 정부 입장과 앞으로의 계획 등을 국민에게 보다 절실하게 알리기 위해 배우 박철민 씨를 현장에 초청했다. 박철민 씨는 치매를 앓고 계신 어머님을 10년째 모시고 있었다. 박철민 씨의 어머님께서는 기억을 거의 잃으신 것으로 알려졌고, 이러한 사연이 방송을 통해 알려졌었다.

많은 국민이 이 방송을 본 후 눈물을 흘렸고 치매라는 병의 심각성에 대해 깊이 고민하는 계기가 되었다. 특히 치매를 앓고 있는 어머니가 잠자는 박철민 씨에게 다가와 큰 국어사전으로 배를 덮어주셨다는 이야기는 자식에 대한 사랑과 인간 존엄이 무너져가는 치매라는 병을 두고 여러 가지 생각과 감동을 동시에 갖게 했다.

이날 찾아가는 대통령 현장 방문은 이후 국공립치매지원센터 설립을 약속하는 자리였고, 치매 환자를 돌보는 가족 휴가제와 치매 환자 요양 등급이 확대되는 등 꾸준한 노력이 이어지는 시발점이 되었다.

이렇게 각본 없이 현장에서 사전 준비 없이 진행되는 간담회가 훨씬 손이 덜 가지 않나 생각할지도 모르지만, 일정을 기획하고 준비하는 입장에서 보면 꼭 그렇지만은 않다. 간담회에 참석하는 사람 중 말 잘하고 할 말도 많은 사람이 있지만 대통령이 참석하고 여러 취재진이 카메라를 들이대면 긴장하거나 불편함을 느끼는 사람들도 많다. 그래서 평소에 가지고 있던 생각과 의견을 자연스럽게 이야기하라고 부탁해도, 굳이 할 말을 적어와 읽는 사람이 더 많다.

모두가 말주변이 좋은 것도 아니다. 자연스러운 분위기에서 간담회를 진행하다 보면 정작 나왔어야 하는 말들은 나오지 않고 지나치게 개인적인 이야기들이나 민원만 잔뜩 쏟아지는 경우도 많다. 이런 경우 '차라리 대본을 준비할걸 그랬나' 싶은 생각도 든다. 엉뚱한 질문이나 말들로 인해 본의 아니게 간담회에 참석한 사람들이 오해를 받거나 때때로 비난받는 일이 생길 때는 더욱 그랬다.

하지만 서로 결론을 준비해 이야기를 나누는 것보다는 자기 생각과 의견을 형식 없이 나누는 것이 나은 방법임은 분명했다. 대통령도 그 부분에 대해 별반 말씀이 없으셔서 문재인 대통령 간담회는 임기 내내 굳이 질문과 답변을 준비하지 않고 진행했다.

〈찾아가는 대통령〉 서울 요양원 방문

하이라이트,
훅, 사비

하이라이트가 있어야 한다. 행사의 모든 순서는 결국 하이라이트를 만나기 위한 여정이다. 끝내주는 음악에는 반드시 매력적인 훅hook이나 사비さび가 있는 것처럼 말이다.

연출가는 모든 면에서 완성도를 높이려고 노력하지만 관객이 모든 순서에 감동하는 것은 아니다. "두 시간 내내 감동의 물결"이라는 후기가 올라왔다고 해도 결국에는 특정 장면, 특정 순서만 남게 된다. 기억은 가장 온전하지 않은 기록이다.

하이라이트를 만들기 위해서는 감정의 고저高低와 대비對比를 구성해야 한다. 가장 높은 부분에 힘을 주겠다면 나머지를 낮출 줄 알아야 하고 그 반대 역시 마찬가지다. 단박에 치고 올라갔다가 다시 급전직하하는 롤러코스터 구성을 할 수도 있고, 계단을 타고 올라갔다가 다시 계단을 타고 내려오는 것처럼 만들 수도 있지만 중요한 것은 관객의 감정을 끌고 올

라갔다가 끌고 내려와야 한다는 것이다. 그래야 정점과 저점, 그 어디에서라도 하이라이트를 만들 수 있다. 이것이 중요하다. 이걸 모르면 관객의 감동은 사라지고 연출만 남는다. 보는 사람이 피곤해지고 억지스럽다고 느낀다.

판문점 회담 하이라이트는 도보다리 산책이었다. 그날의 모든 장면 중 가장 조용했던 일정이었다. 그러나 결국 그 장면이 역사적인 회담 중 가장 빛나는 순간이 되었다. 왜 그랬을까.

의장대 사열, 공식 회담, 선언문 발표, 만찬, 환송 공연까지 어느 것 하나 공들이지 않은 것이 없었다. 매 순간이 이전에는 상상도 못 했던 장면들이었다. 중계하던 방송사 앵커들과 생방송 화면을 해설하는 전문가들 모두 흥분했다. 박수를 쳤고 탄성을 질렀다. 그러다가 딱 한순간, 도보다리를 산책하는 남북 정상들이 나타나자 조용해졌다. 누구도 덧붙일 말이 없었다. 두 사람의 목소리는 들리지 않았고 새 소리와 바람 소리만 간간이 전해졌다.

그래서 주목할 수밖에 없었다. 어떤 극적인 장면보다 극적이었다. 텅 비었기에 꽉 들어찬 시간과 구성이었다. 그렇게 하이라이트가 만들어졌다.

문재인 대통령이 조 바이든 대통령과 만났던 워싱턴 순방에서 미국은 대한민국 대통령을 특별한 자리에 초대했다. 그

자리는 6·25전쟁 참전 용사 명예훈장 수여식이었다. 미국 대통령이 미국 국민에게 훈장을 수여하는 데 한국 대통령을 초청한 첫 사례였다. 거기서 문재인 대통령의 역할은 짧은 연설을 한 후 여러 참석자와 함께 앉아 수여자에 대한 소개를 듣고, 박수를 치고, 존경을 표하는 것이었다. 그러나 뭔가 부족했다. 부족했지만 더 할 수 있는 것도 없었다.

모든 순서가 끝나고 마지막에 조 바이든 대통령과 훈장을 수여받은 랠프 퍼켓 주니어 대령 그리고 가족들이 기념촬영을 했다. 한 차례 기념촬영이 끝나고 바이든 대통령은 문재인 대통령에게 함께 사진을 찍자고 제안했고, 문재인 대통령은 그들에게 걸어갔다. 그리고 무릎을 굽혀 가족들 옆에 앉았고, 이 모습을 본 바이든 대통령 역시 웃으며 무릎을 꿇고 앉아 함께 사진을 찍었다. 한, 미 대통령이 명예훈장 수여자를 가운데 두고 무릎을 꿇고 앉아 존경을 표하며 찍은 이 사진은 워싱턴 순방의 하이라이트가 되었다.

인명을 구하려다 목숨을 잃은 순직 소방관 합동 영결식이 있던 날이었다. 영결식 전날, 갑자기 대통령이 그 자리에 참석하시겠다고 하여 부랴부랴 준비를 시작했다. 대통령 의전, 낭독할 조사, 유가족과의 만남 같은 일정들을 기획하려는데 다시 대통령이 부르시더니 "조사 없이 조용히 영결식만 참석하는 것으로"라고 말씀하셨다.

어떠한 의전도 없이 그냥 참석만 하시겠다는 대통령 뜻은 알아들었지만 '그래도…' 싶은 생각이 들었다. 하지만 워낙 분명하게 말씀하셔서 도리가 없었다. 결국 대통령 방문을 미리 알리지 않았고, 대통령은 영결식장에 들어가 조문객 사이에 앉아 처음부터 끝까지 영결식을 지켜보셨다. 조사도, 다른 무엇도 없이 여느 참석자들 틈에 서서 조화 한 송이를 놓고 운구차가 떠날 때까지 겨울바람을 맞으며 사람들 틈에 함께 서 계셨다. 어떤 소개도 환영도 환송도 없었던 유일한 일정이었다.

하지만 이런 대통령 모습을 지켜본 많은 사람은 공감과 감동을 했다고 전해왔다. 그 자리에서 어떤 조사를 준비했어도 조문객 사이에 앉아 눈물을 훔치던 대통령의 모습만 못했을 것이다.

울산 유니스트 졸업식장도 기억난다. 대학 졸업식에 대통령이 참석하는 것은 흔치 않은 일이지만 이날 대통령은 졸업생 대표 학사모에 달린 태슬을 넘겨주는 의식을 직접 하시기로 했다. 순서에 따라 식이 진행되었고 해당 순서가 되어 대통령이 졸업생 대표 태슬을 오른쪽에서 왼쪽으로 넘겨주었다. 많은 사람이 환호와 박수를 보냈다. 졸업생 대표가 내려가고 이후 모든 졸업생이 한 명씩 같은 의식을 하기 위해 올라오는데, 원래는 대학 총장과 학장이 했어야 하는 의식을 대통령이 계속해서 하기 시작했다. 학생들은 환호했고 결국 몇

백명이나 되는 졸업생 전체 태슬을 대통령이 넘겨주었다.

덕분에 예상했던 일정보다 시간이 늦어졌고, 대통령은 3~40분 내내 무대 위에 서 계셔야 했다. 나중에 물었다.

"저희는 대통령께서 졸업생 대표에게만 의식을 하시는 것으로 알고 했었는데 잠시 헷갈리셨나 봅니다."

그러자 대통령이 말했다.

"아니요. 알고 있었는데 다들 같은 졸업생들인데 누구한테만 하는 게 좀 그래서 다 했습니다. 덕분에 다들 좋아하지 않았나요. 계속하려니 힘이 들기는 합디다."

하이라이트는 그 행사에서 가장 빛나는 장면이다. 그러나 꼭 화려한 정점에서 빛이 나는 것만은 아니다. 감정의 고저 어느 순간에서라도 하이라이트는 만들어질 수 있다. 거기 있는 사람들, 지켜보는 사람들과의 공감을 얻는 순간이 바로 하이라이트가 된다.

순우리말 헌법 책자
헌법재판소 창립 30주년 기념식

하이라이트를 만들어야 한다. 하이라이트는 어떤 순간이 될 수도 있고 어떤 상징이 될 수도 있다. 경우에 따라서는 어떤 사람이 될 수도 있다. 가장 주목받는 한 가지가 행사 전체를 좌우하는 것은 물론 사후 평가에 전부가 될 수도 있다. 버라이어티한 구성이 필요할 때도 있지만 많은 경우 한 장면이 여러 복잡한 장면보다 깊은 인상과 기억을 남긴다.

대한민국 대통령은 취임식에서 이렇게 선서한다.

"나는 헌법을 준수하고 국가를 보위하며 조국의 평화적 통일과 국민의 자유와 복리의 증진 및 민족문화의 창달에 노력하여 대통령으로서의 직책을 성실히 수행할 것을 국민 앞에 엄숙히 선서합니다."

이 선서문은 우리 헌법 69조에 명문화되어 있다.

"나는 성실히 미국 대통령의 직무를 수행하고 내 능력의 최선을 다해 미국 헌법을 지지하고 옹호하고 보위할 것을 엄숙히 선서한다."

미국 대통령 역시 취임식에서 이와 같은 선서를 한다.

총 36개의 단어로 이뤄져 있는 이 선서는 미국 헌법 2조 1항 대통령이 직무를 개시하기 전 이 문구를 반드시 선서하도록 규정하고 있다. 미국 대통령 당선자가 취임식 때 성경을 손에 얹는 모습도 흥미롭게 보았는데 당선자가 선서를 어떻게 하는지는 별도로 규정하지 않았다고 한다.

헌법재판소는 5대 헌법기관(국회, 대법원, 행정부, 헌법재판소, 중앙선관위) 중 하나다. 그래서 이 기관의 장들을 5대 헌법기관장으로 예우하기도 한다. 헌법재판소는 1987년 6월 민주항쟁을 통해 탄생했다. 독재에 맞선 국민의 힘으로 만들어진 기관인 헌법재판소는 1987년 탄생한 헌법과 그 맥을 같이 한다고 볼 수 있다.

2018년 헌법재판소 창립 30주년에 필연과 우연이 겹쳐 문재인 대통령은 처음이자 마지막으로 헌법재판소 기념식에 참석하게 되었다. 헌법재판소 창립 행사를 준비한다는 것은 흔치 않은 기회였다. 정부 기관이나 국가 기념식은 보통 10년 주기로 규모 있게 치러지는데, 마침 문재인 대통령 재임 중에 헌법재판소 30주년 창립 기념식을 맞게 된 것이다.

촛불혁명과 탄핵이라는 역사적 사건을 거쳐 들어서게 된

문재인 정부이니 헌법재판소 창립기념식을 뜻깊게 만들 방도를 찾아야 했다. 그래서 나는 '헌법'과 '대통령의 취임선서문'에 주목하기로 했다. 대통령 선서 장면은 헌법재판소 창립 기념식을 준비하면서 가장 먼저 떠올렸던 장면이었다. 어쩌면 일반 국민이 헌법을 가장 구체적으로 만나는 장면이기도 할 것이다. 행사를 준비하면서 나는 대통령과 국민이 헌법을 앞에 두고 선서하고 선서를 받는 장면을 보여주고 싶었다. 모든 권력은 국민을 통해서 나오고 헌법이 그것을 가능하게 해준다는 사실 말이다.

기념식은 종로구에 있는 헌법재판소 중앙홀에서 진행되었다. 5부 요인과 법조계 관계자들과 역대 헌법재판관들이 자리에 함께했다. 이날 기념식에서는 여러 다양한 프로그램을 보여주기보다는 딱 하나에 힘을 주는 것이 좋겠다고 판단했다. 그것은 당연히 헌법 그 자체였다.

국한문이 혼용된 여러 헌법 책자를 살펴보다가 30주년을 맞아 순우리말로만 쓰여진 헌법 책자를 만들기로 했다.

헌법 제1조 1항 "우리나라의 국호는 대한민국이며…"부터 한 권으로 엮일 수 있는 부분까지를 헌재와 상의해 정하고 한글로 표기했다. 그리고 국내에는 흔치 않은 장정裝幀가를 찾아나섰다. 요즘은 책을 장정하는 경우가 많지 않으므로 찾기 어려웠지만, 수소문 끝에 장정 전문가 두 명을 찾았다. 그들에게 권위와 품위가 있고 오랫동안 보존할 수 있는 장정을 부탁했다. 그렇게 두 권의 순우리말 헌법 책자가 헌법재판소 창립 30주년을 맞아 탄생했다. 기념식은 이 책자 앞에서 거행됐다. 대통령은 그 자리에서 말씀하셨다.

"헌법에 '권력'이라는 단어가 딱 한 번 나옵니다. '모든 권력은 국민으로부터 나온다.' 국민이 가장 좋아하는 헌법 조항입니다. 저를 비롯해 공직자들이 가지고 있는 권한은 모두 국민으로부터 위임받은 권한일 뿐입니다. 국민 기본권에 대해서는 더 철저해야 하며 불법적 행위에 대해서는 더 단호해야 할 것입니다."

순우리말 헌법 책자 중 한 권은 대통령 기록관으로, 한 권은 헌법재판소에 남겨 놓기로 했다. 그리고 앞으로 새 대통령이 취임할 때 미국 대통령이 성경에 손을 얹고 선서를 하듯이 대한민국 대통령은 순우리말 헌법 책자에 손을 얹고 취임 선서를 하자는 안을 제안했다. 그러나 세월이 흘러 다음 대통령으로 당선된 윤석열 당선인은 이 헌법 책자를 두고 선서하지 않았다. 의전과 의례가 일천한 우리 국가 행사에서 뜻깊은 전통과 세레모니가 될 수 있었을 텐데 매우 아쉬운 대목이다.

다시 한번 그 헌법 책자를 볼 수 있을까. 잘 보관되고 있는지 궁금하다.

법은 국민을 지키는 최후의 보루입니다.
순 한글판 헌법책자에는
국민의 편이 되겠다는 헌법재판소의
결의가 담겨있습니다.
헌법 정신이 국민의 삶 속에
온전히 구현되도록,
저 또한 대통령으로서의 책무를
성실히 이행하겠습니다.

2018년 8월 31일

대통령 문재인

디테일에서
공감을

감동은 공감과 디테일에서 나온다. 디테일은 수단이고 공감은 과정이고 감동은 결과다.

'이런 부분까지 신경을 썼네' 싶은 디테일이 반복되면 관객은 감탄하게 된다. 설사 인지하지 못하더라도 결국에는 매료된다. 준비된 프로그램에 매료되는 순간 사람들은 공감하게 되고, 설령 공감이 안 되더라도 최소한 동의 정도는 할 수 있게 된다.

모든 연출의 궁극적 목표는 공감이다. 공감이 형성되어야 감동할 수 있다. 공감을 통해 감동을 얻어내면 그것은 공연으로서 행사로서 이벤트로서 다른 여러 형태의 기획으로서 성공했다고 평가받는다.

이제껏 일해오면서 내가 했던 일들에 대한 평가 중 최고는 "쇼하고 있네", "쇼만 잘하네"였다. 정치 견해 차이로 테러도 불사하는 이 엄혹한 시대에 이 정도면 꽤 후한 평가를 받았다는 생각을 자주 했다. 입장이 다른 사람들에게서 내 연출에 대해 공감은 못 해도 최소한의 동의("쇼는 잘하네")는 얻어낸 셈인데, 이 정도만 하더라도 꽤나 노력해야 한다. 특히 같은 사안을 두고 극단적으로 다른 두 개의 시선을 바라봐야 했다.

주제를 드러내는 일이 본질을 꿰뚫는 관찰의 힘이라면 디테일은 보고, 듣고, 또 보고 듣고, 이리저리 요모조모 살피는 일이다. 잘디잘게 부수어 알갱이를 헤아려보는 일이다.

내가 해야 했던 일 중에 시도지사 간담회라는 일정이 있었다. 형식적으로는 자치단체장들이 한자리에 모여 중앙정부의 권한과 역할을 점차 지방자치단체들에 이양하고 각 지역의 미래 발전을 도모하는 자리다. 눈길을 확 끄는 회의는 아니지만 대통령과 전국 주요 시도지사들이 참석하는 자리이니 당일 저녁 뉴스 한 꼭지 정도는 당연히 편성되는 일정이었다.

이전까지 시도지사 간담회는 커다란 회의실에 둘러앉거나 대통령을 중심에 두고 자료를 넘겨보며 몇 명만 보고하는 형태였다. 참석자나 회의를 보도하는 언론이나 그 장면을 보는 국민이나 관심이 있을 리 없었다. 그냥 그렇게 경상經常 일정이 된 지 오래였다.

그러나 참석하는 시도지사들로서는 어렵게 대통령을 대면하는 자리였다. 발언권이 있건 없건 운이 좋으면 전국 뉴스에 얼굴이라도 비출 수 있을지 모르기에 관심이 많았다. 의전 서열에 따라 정해진 자리가 있음에도 시도지사들은 어떻게든 대통령과 가까이 앉고 싶어 했고, 1분이라도 따로 이야기하고 싶어 했고, 방송에 소개되고 싶어 했다. 결국 이런저런 민원에 시달리던 나는 이 '죽은 일정'을 살려보기로 했다.

가장 먼저 바꾼 것은 회의를 시작하기 전에 전체 참석자가 30분 정도 일찍 와서 티타임을 가지는 것이었다. 대통령도 참석하는 티타임에서 회의 때 하지 못하는 이야기들, 발표 기회가 없는 단체장들의 지청구를 듣는 시간을 가졌다.

이후 보도용 기념사진을 찍는 시간을 가졌는데, 사진을 찍는 장소에는 각 시도 특산물, 주력 사업, 알리고 싶은 프로젝트를 전시하는 공간을 만들었다. 사진을 찍기 전 대통령과 참석자들이 그 공간을 관람하며 자연스럽게 묻고 답하기 위해서였다. 사진을 찍을 때도 뻣뻣이 서서 찍는 것이 아니라 시도지사들이 각 지역 특산품을 들고 찍게 했다. 제주지사는 감귤을, 의성군수는 마늘을 들고 찍는 식이었다.

그러고 나서 회의장으로 이동하여 회의를 시작했다. 회의역시 미리 나누어 준 자료를 읽고 듣는 형태를 버리고 발표자마다 프레젠테이션을 하도록 했다. 짧은 영상도 준비하도록해서 듣는 사람들이 좀 더 몰입할 수 있도록 했다. 처음에는발표 형식에 익숙하지 않은 단체장들도 많아서 전날 따로 시간을 내어 리허설도 진행하고 동선이나 화면 구성을 교정해 주기도 했다. 행사가 끝나고 오찬이 있었던 적도 있는데 모든 지역을 배려하지는 못했지만 각 지역 농산물로 음식을 만들어 먹기도 하고 후식에 특산물을 넣기도 했다.

단순히 회의로 시작해 끝내도 그만이었던 일에 손을 대기 시작하니 신경 써야 할 것들이 끝이 없었다. 그 와중에 '뭘 이렇게 귀찮게 하냐'는 핀잔을 듣기도 했지만, 그 정도 바꿔 놓고 나니 대통령도 참석자들도 보도하는 언론도 바뀐 형식과 분위기를 좋아했다.

대통령 일정에 '간택'되지는 못했지만 그렇다고 아예 모른 척하기 어려운 행사에 대통령이 영상 축사나 메시지를 보내는 일도 있었다. 코로나19 시기에는 대통령의 직접 참석이 어려웠으므로 특히 많이 찍어 보냈다. 어떤 주에는 너댓 개씩 촬영해야 하는 일도 있었고, 아무리 적어도 한 주에 한두 개 정도는 영상 메시지를 찍어 편집해 보내야 했다. 비록 영상이기는 하지만 이 영상은 해당 행사장에서 모두가 주목하는 가운데 '방영'될 것이고, 대통령이 현장에서 연설한 것과 같은 정도의 무게를 가지기 때문에 함부로 만들 수가 없었다.

처음에는 영상 촬영을 심각하게 고민하지 않았다. 정해진 장소에서 카메라와 프롬프터를 세팅해놓고 정해놓은 순서에 따라 하나하나 녹화하면 그만이었다. 무슨 대단한 카메라 워

킹이나 콘티가 필요한 일이 아니었다. 신경을 쓴 것은 메시지 내용이었는데 그건 연설비서관실 일이었으므로 나는 정해진 원고만 잘 받아 오면 그만이었다.

그러던 어느 날 우연히 우리가 찍어 보낸 영상을 방영하는 행사장 실황을 보게 되었다. "다음은 대통령님 축하 영상을 보시겠습니다"라는 말과 함께 플레이되는 영상과 그 영상을 보는 사람들의 행사장 무대가 화면에 보이는데 정말이지 화끈거리지 않을 수 없었다. 행사장 무대나 분위기를 전혀 고려하지 않은 대통령 축사 영상은 전혀 다른 이야기를 하는 것만 같았고, 당연히 사람들은 휴대폰을 보거나 웅성거리거나 딴짓을 하고 있었다.

이후 제대로 만들어야겠다고 생각했다. 각 행사의 기본적인 구성, LED 위치, 영상이 공개되는 순서 등을 사전에 보고받았다. 비록 매번 다 다르게 할 수는 없지만 분위기에 맞출 수 있는 부분이 있으면 최대한 반영하기로 했다. 대통령이 읽는 연설문 내용을 참고하여 소품을 배치하기도 했다. 탄소중립에 대해 이야기하면, 수소차 모형이나 풍력발전기 모형을 설치하는 식이었다. 대통령이 입고 있는 옷에 실제 행사장 참석자들이 착용할 핀이나 버튼 등을 동일하게 착용하기도 했다.

그중 가장 그럴듯하다 싶었던 것은 판문점 선언 2주년 기념 영상이었다. 김대중재단에서 김대중 대통령이 평양을 방북하셨을 때 착용했던 넥타이를 빌려왔고, 판문점 선언 때 실제로 사용했던 연단을 가져와 그 앞에서 축사를 녹화했다.

우리 정부가 유엔에 제안해 처음 제정된 '푸른 하늘의 날(2019년 12월 제74차 유엔총회에서 제정한 기념일인 '푸른 하늘을 위한 국제 맑은 공기의 날')'에는 늘 영상을 촬영하던 청와대 충무실을 나와 본관 테라스에서 때마침 한껏 푸르던 종로 하늘을 배경으로 촬영했다.

제2회 푸른 하늘의 날(2021)

단순한 것이
진실

'오컴의 면도날(Occam's Razor)'은 간단한 설명이나 가설이 복잡한 것보다 우선 되어야 한다는 원칙이다. '단순한 것이 진실에 가깝다'는 것인데 간결하면서도 반박할 수 없는 논리를 말한다. 과학과 철학의 원리이기도 하고 경제성과 절약성의 원리라고도 한다.

연출에서도 이 논리는 유용하다. 단순한 것이 복잡한 것보다 관객을 설득하기 쉽기 때문이다. 특히나 공연은 다른 장르 예술과 달리 즉각적이다. 복선에 복선을 놓은 장편소설이나 넷플릭스 시리즈와는 다르다. 소설이나 드라마는 복잡미묘함이 도저히 이해되지 않는다면 읽기나 보기를 잠시 멈출 수 있다. 책장을 덮거나 정지 버튼을 눌러 생각할 시간을 가질 수 있다.

하지만 공연을 비롯한 모든 행사, 이벤트와 같은 무대예술은 녹화된 영상을 보는 것이 아닌 이상 현장에서 실시간으로 이해하거나 이해하지 못하거나 둘 중 하나다. 지금, 당장 눈앞에서 지켜보는 사람들의 공감과 동의를 끌어내지 못하면 연출 홀로 뚝 떨어져 산으로 가고 바다로 가고 미지의 세계로 흘러가게 된다.

기획서를 들고 프레젠테이션할 때도 발표가 끝났는데 설명을 해야 한다는 것은 이미 설득에 실패인 경우다. 이때 아무리 설명을 열심히 하더라도 결국은 설명을 위한 설명이 될 뿐이다. 연출도 그렇다. 관객이 설득돼야 하는 대목에서 의문을 가지면 그때부터 진심은 미궁에 빠지고 공감받기가 어려워진다. 연출을 단순화하려면 드러내고자 하는 진실을 숨김없이 보여주어야 한다. 선별적으로, 어떤 것은 가리고 어떤 것은 강조하려고 하는 순간 표현이 복잡해지고 모호해지게 된다.

윤석열 정부가 들어서고 이전 정부와 현 정부의 차이에 관한 질문을 여러 번 받았다. 정치 프로그램에도 많이 출연해 대통령 해외 순방, 국내 행사, 국제 행사 등을 논평했다. 고백하건대 내가 한 모든 공개적인 방송 활동은 내가 원해서 한 것이 아니었다. 내가 이러한 질문들을 받게 된 이유는 국민이 좀처럼 이해할 수 없는 윤석열 대통령과 정부의 해명을 설명해달라는 부탁 때문이었다.

그 시작은 청와대 폐쇄였다. 윤석열 정부가 청와대를 폐쇄한 일은, 그 이후 지금까지 벌어지는 여러 이해되지 않는 일의 전조였다. 상징성, 효용성, 역사성 어느 측면에서 봐도 가치가 높은 공간을 폐쇄한 뒤 누구도 바란 적 없는 공연장과 전시장으로 활용하겠다는 윤 정부의 계획을 많은 국민은 이해할 수 없었다. 새 대통령과 정부는 "대통령의 권위를 내려놓고 국민께 다가가기 위해서"라고 말했지만, 누구도 설득되지 않았고 이해할 수 없다는 반응이 대부분이었다.

그렇게 설득에 실패하고 나니 이어진 설명은 궁색하기 그지없었다. 대통령과 비서관들 간에 거리가 멀어서, 기자들과 가까이 소통하기 위해서, 국민이 언제든 대통령실 앞에 다가올 수 있도록…. 지금껏 여러 말을 했지만 결국 하나씩 반박당할 뿐이었다. 이전 청와대에 있을 때 대통령 집무실과 비서관들 사이에 거리가 더 가까웠었고, 기자들과의 소통은 1년 반이 지나도록 하지 않거나 통제했으며, 국민이 대통령실로 가는 길은 언제나 막혀 있었다.

이것은 애초에 진실을 솔직하게 드러내지 않았기 때문이다. 만약 윤석열 대통령이 "청와대의 여러 장점에도 불구하고 새 정부의 새로운 시작은 새로운 공간에서 하고 싶다. 청와대는 한 시대의 역사적 가치를 유지, 보존할 수 있는 공간으로 조성하겠다. 이를 위해 역대 청와대 관계자와 정부 인사를 참여시켜 대통령실 이전과 청와대 리뉴얼 계획을 세워 진행하겠다"고 했다면 어땠을까. 윤석열 대통령과 새 정부 관계자들의 진심은 여기에 더 가깝지 않을까 싶고, 만약 이렇게 이야기했다면 설득되는 국민이 조금은 더 많지 않았을까….

부산 엑스포 유치 실패 때도 마찬가지였다. 애초에 냉정한 상황 분석을 통해 우리가 처한 현실을 알리고, 어려움에도 불구하고 유치를 위해 여러 방안을 모색하고 있다고 말했어야 했다. 국가적인 이벤트인 만큼 여야 정치적인 차이를 극복하고 보수, 진보를 뛰어넘는 다양한 사람으로 유치위원회를 구성하고 최선을 다해 노력했어야 했다.

물론 그렇게 했어도 결과는 나쁠 수 있다. 하지만 그 과정에서 얻는 게 있었을 것이다. 실패했어도 누굴 탓하는 것이 아니라 차이를 극복하고 같은 목표를 가지고 노력했다는 사실만으로도 국민에게 진심과 공감을 전할 수 있었을 것이다. 그러나 이 정부는 정반대 선택을 했다. 실낱 같은 바람만 키워 사실인 양 호도하고, 정부나 대통령의 성과로 만들기 위해서만 노력했다. 결국 참담한 결과는 모두 자신들의 몫이 되었고 국민은 혀를 차고 말았다.

잼버리 파행 역시 크게 다르지 않다. 준비와 실행 과정에서 터져 나온 문제들은 가리고 마치 모든 게 잘 해결되고 대단히 잘 진행되고 있는 것처럼 말하다가 결국엔 국제적인 망신과 조롱거리가 되고 말았다. 그밖에 소소한 문제는 더 말할 것도 없다. 어떤 면에서는 참 일관성 있는 모습이다.

윤석열 정부와 대통령의 연출이 연일 이 모양인 이유는 여러 가지 까닭이 있지만 핵심은 진실을 제대로 드러내지 않으려 하는 것이다. 윤석열 정부는 진실을 드러내고 싶어 하지 않는다. 욕망과 욕심을 숨기고 부분의 사실만을 이야기하니 이해 가지 않는 사람들이 해명을 요구하고, 그때라도 분명히 해명하면 될 것을 복잡하게 설명한다. 여전히 가리고 숨기기에 바쁘다. 단순하게 설명하지 못하면 진실에서 멀어진다. 진심이야 알 길이 없지만 진실은 언제든지 얼마든지 드러낼 수 있다. 진실하겠다는 의지만 있다면 말이다.

대통령의 진심

일자리 상황판 설치

진실만이 사람들을 설득할 수 있다. 설득된 사람만이 공감할 수 있고, 공감해야 감동하게 된다. 따라서 진실을 드러내는 방법을 고민해야 한다. 서글픈 것은 진실을 보여줬다고 해서 모두가 설득되는 게 아니라는 점이다. 이는 어쩔 수 없는 일이다. 기획과 연출은 어쩔 수 없는 일을 어쩔 수 있게 하는 게 아니다. 가능성 있는 것을 가능하게 하는 일이다.

앞서 언급했듯이 문재인 정부는 인수위원회 없이 바로 업무가 시작됐다. 선거 기간에 공표했던 여러 약속을 검토하고 수정하고 보완하는 시간을 가질 수 없었고, 이러한 문제는 많은 정치적 공격의 빌미가 되기도 했다. 임기가 시작되기 전 냉정하고 차분하게 문재인 정부가 했던 약속을 하나하나 검토했어야 했다는 아쉬움이 5년 내내 들었다.

변변한 취임식도 없이 취임 선서만으로 서둘러 시작된 대통령 첫 업무는 주요 인사를 단행하는 것이었다. 하지만 이것부터 쉽지 않았다. 이른바 섀도캐비닛Shadow Cabinet (예비내각)이 없지는 않았겠지만 각 부처 장관은 청문회를 거쳐야 했고, 청와대 내 인사 역시 신원 조회, 세평, 결격 사유 등을 확인하는 과정을 거쳐야만 임용될 수 있었다. 문제는 그 모든 과정에 시간이 얼마나 걸릴지 모른다는 것이었다.

무엇보다 절차와 과정의 공정함을 엄중히 지키는 게 국민에게 탄핵당한 전임 정부를 대체하는 일이었다. 공정함에 대한 국민의 분노로 잉태된 새 정부이니 당연했다. 그 당연한 일에 걸리는 시간이 새 정부의 시작을 어렵게 만들다니… 아 이러니했다.

인사 문제만큼 심각한 것이 새 정부의 정책 방향과 주요 국정과제를 설정하여 각 부처와 국민에게 알리는 일이었다. 문재인 정부가 앞으로 어떤 일을, 어떤 방향으로, 어떤 순서로, 어디까지 해내겠다는 건지 약속해야 했다. 많은 사람이 문재인 정부의 시작을 지켜보고 있었다. 특히 첫 일성―聲이 무엇일지에 관해 언론 관심이 뜨거웠다. 그렇게 모든 것이 어수선한 상태였지만 대통령은 이미 결심이 서 있었다. 바로 일자리 문제였다.

아직 인사 명령이 나지 않아 방문자 표찰로 출퇴근하던 중 첫 번째 정책 관련 공개 일정이 확정되었다. 바로 대통령 집무실에 후보 시절 중요 공약이었던 '일자리 상황판'을 설치하는 것이었다. 내게 주어진 과제는 일자리 상황판을 어떤 내용과 형태로 만들 것인지, 그리고 어떤 형식으로 공개할 것인지였다. '내용, 형식, 전달.' 돌이켜 보면 모든 공개 일정과 행사는 전부 이 세 가지 고민이 시작이자 끝이었다.

어떤 내용으로 일자리 상황을 분석하고, 어떤 항목과 정보를 상황판에 표기할 것인지는 관계 부처와 청와대 정책실이 정리해주었다. 전문적인 내용이기도 했고, 여러 통계와 수치가 등장해야 했으므로 감당하기 어려운 일이었는데 다행이었다.

문제는 형식이었다. 처음 제안된 형식은 출력물을 보드에 부착한 차트 형태였는데 언급하기조차 부끄러운 형태여서 바로 폐기했다. 짧게는 매일, 길게는 월, 분기 단위로 업데이트되는 각종 조사 결과와 현재 상황을 효과적으로 보여주기 위해 별도 사이트를 구축하고 그것에 접속해 PC로 보는 방안도 검토했다.

하지만 이 같은 방식은 국민에게 정보를 제공하고 현재 상황을 확인할 수 있도록 하기에는 좋을지 몰라도 대통령이 집무실에서 수시로 확인하며 지켜보는 형태로는 적합하지 않았다. 여러 전문가와 함께 최종적으로 선택한 방법은 대형 LCD 모니터를 설치하고, 여기에 별도로 프로그래밍된 화면을 구성하는 것이었다. 취업률과 실업률을 기본으로 일자리와 관련한 데이터를 수집, 분석하여 정해진 날짜마다 데이터 값을 입력하면 화면에 구현되는 형식이었다.

그렇게 2017년 5월 24일 청와대 여민관 집무실에 일자리 상황판이 설치됐다. 취임 2주 후였다.

나는 그때 정식 발령 전이기도 했고 정신없이 바쁜 터라 정장을 미처 갖추지 못했다. 실은 평생 정장을 입을 일이 없었던 터라 정장 없이 셔츠에 면바지만 입고 경황없이 공개 행사를 준비했다. 대통령부터 참관하러 온 기자들까지 모두 정장을 갖추었는데, 유독 나만 헐렁한 여름 바지에 셔츠 차림이어서 면구스러웠던 기억도 난다.

그날 처음으로 대통령은 청와대 출입 기자들에게 여민관 대통령 집무실과 일자리 상황판을 공개하고 설명하는 시간을 가졌다. 그리고 다음 날부터는 대통령이 보고 있는 상황판을 모바일로도 확인할 수 있도록 했다. 그렇게 새 대통령의 첫 약속은 국민에게 전달되었고, 대통령은 실제로 매일 상황판 변동을 지켜보며 관계자들과 회의하고 대책을 세우기도 했다.

돌이켜 보면 일자리 상황판은 전시효과만을 위해 만들어진 것이 아니었다. 전시나 홍보를 위해서라면 굳이 그렇게까지 할 필요도 없었다. 오히려 그날 이후 취업률이 떨어질 때마다 일자리 상황판을 뭐 하러 설치했느냐는 비아냥을 듣거나 수치 갱신이 늦는다는 질타를 받기도 했다.

하지만 굳이 일자리 상황판을 만들고 대중에 공개한 이유는 그것이 대통령에게 꼭 필요했기 때문이었다. 수없이 많은 약속을 이행해야 하고 그보다 많은 현안을 챙겨야 하는 대통령에게는 무엇인가 잊지 않을 수 있는 장치가 필요했다. 그렇게 일자리 상황판은 재임 5년 동안 매주 그 수치가 바뀌며 임기가 끝나는 마지막 날 저녁까지 운영되었다.

"일자리 대통령이 되겠습니다. 일자리가 최선의 경제 회복 방안이고 최고의 복지입니다"

2017년 대선 후보 문재인의 공약 중 하나만 기억해줬으면 하는 것은 무엇인가라는 질문에 대한 대통령의 답이었다.

빛과
어둠

한 언론사와 인터뷰하던 중 남북 문화 교류 행사 중 기억에 남는 에피소드에 관해 질문받은 적이 있다. 이미 관련된 많은 이야기를 했던 터라, 안 했던 이야기를 궁리하다 이렇게 말했다.

"북한에 현송월 씨가 나와 비슷한 역할을 하는 것 같던데 같이 행사를 준비하던 중 현 씨가 북측 행사에 관해 변화를 주고 싶다고 말한 적이 있습니다. 그때 내가 퍼레이드나 대규모 야외 행사를 낮이 아닌 밤에 하는 것도 나쁘지 않다고 이야기한 적 있어요. 밤에는 조명을 활용할 수 있으니까 보여주고 싶은 부분과 보여주고 싶지 않은 부분을 잘라낼 수도 있고, 조명을 어떻게 활용하느냐에 따라 극적인 효과를 만들 수도 있으니까요."

정부 차원 교류가 활발하던 때 현송월은 내 업무 파트너였고 우리는 기획과 연출에 관해 여러 이야기를 나누었다. 인터뷰했던 때는 임기 말이었고 그저 생각나는 에피소드 하나를 말했을 뿐이었다.

그러나 인터뷰가 보도되자 보수 매체들은 탁현민이 현송월에게 군사 퍼레이드를 밤에 하라고 조언했다고 난리가 났고, 무슨 대단한 기밀이라도 누설한 것처럼 호들갑을 떨었다. 보수 단체들은 국가보안법 위반으로 나를 경찰에 고발하기도 했다. "낮보다는 밤에 행사하는 것이 조명을 활용하기 용이하다"는 말이 국가보안법 위반이나 여적죄(적국과 합세하여 대한민국에 대항한 죄)로 몰릴 줄은 미처 몰랐다. 결국 무혐의로 종결되기는 했지만 내가 지금 어느 시대에 살고 있는가 싶어 우울했던 기억이 난다.

기억은 우울하지만 빛과 어둠을 활용하는 것은 꼭 알아두어야 할 연출 기법이다. 무대에서 빛과 어둠을 가르는 장치는 조명이다. 조명을 어떻게 쓰느냐에 따라 감정표현이 달라진다. 이 분야만 하더라도 페이드인fade in(조명이 어둡다가 점차 밝아지는 것), 페이드아웃fade out(조명이 점차 어두워지는 것), 블랙아웃blackout(암전), 스팟spot(조명이 특정 지점을 비추는 것), 팔로우follow(조명이 움직이는 특정 인물을 비추는 것) 등 수많은 응용 방법이 있다.

어떤 장면을 페이드아웃하면 관객들은 아쉬움, 그리움, 애잔함을 느끼지만, 같은 장면을 갑자기 블랙아웃시키면 공포,

252

불안, 절망을 느낄 수 있다. 연출가는 이 차이를 만들기 위해 조명을 사용한다.

조명은 내가 보여주고 싶은 공간과 인물만 분리해서 보여줄 수 있다. 굳이 '이게 중요합니다. 여러분, 여기를 주목해주세요' 하지 않아도 그 부분에만 스팟을 주면 된다. 그러면 관객들은 알아서 '아 저기, 저 사람이 중요하구나'를 알게 된다.

조명이 많고 컬러가 다양하다고 화려한 연출인 것은 아니다. 간혹 아이돌 공연이나 이벤트를 보면 무대 전체를 구석구석 빈틈없이 빛으로 채우는 장면을 볼 때가 있는데, 그 장면을 볼 때마다 낚시 갈 때 기미가 생길까 봐 얼굴에 선크림을 하얗게 펴 바른 내 모습 같다. 아름답기보다는 보기 흉하다.

자꾸 무엇을 보태는 것보다는 대비對比하는 것이 효과적이다. 보태면 보탤수록 극적인 효과는 사라지고 표현하려는 것이 무엇인지 모르게 된다. 한강 불꽃놀이의 백미가 어둠 속에 쏘아 올리는 첫 발에 있는 것처럼, 화려한 조명을 연출하고 싶다면 암전을 배경으로 해야 한다.

빛과 어둠, 가벼움과 무거움, 빠르게 혹은 느리게… 상반되는 모든 것이 다 그렇다. 상호작용을 한다. 어둠이 깊을수록 별은 더욱 빛나고, 가벼움에도 진지함이 있다면 묵직한 깨달음을 얻을 수 있다. 이 개념들은 절댓값이 있지 않다. 서로 상댓값을 얼마로 정하느냐에 따라 대비되는 차이가 만들어지고, 차이가 클수록 극적으로 보인다.

　나는 행사를 연출할 때 솔로 곡이나 무반주를 선호하는 편이다. 국기를 게양한다거나 묵념을 할 때 트럼펫 솔로를 연주하면 이후 오케스트라가 연주하는 애국가가 훨씬 웅장해진다. 어떤 노래의 도입부를 일부러 무반주로 연주하도록 편곡하는 것, 가벼운 이야기 뒤에 무거운 주제를 배치하고 슬픈 대목 뒤에 웃을 수 있는 장치를 만들어 붙이는 것도 극단적 변화를 통해 감정의 대비를 높이려는 것이다. 그런 과정이 성공적으로 반복되면 보는 사람들은 무대에 집중하게 되고 어느 순간부터 동화된다.

　이러한 효과들은 꼭 연출 일에서만 찾아볼 수 있는 것은 아니다. 내내 가벼운 사람에게 진지함을 기대하기는 어렵다. 내내 진지한 사람의 말도 계속 듣고 있기 힘들다. 가벼운 농담 속에 묵직한 한마디가 효과적인 법이다.

　게으르고 느려 보여도 어떤 일은 재빠르게 해치우는 사람, 늘 웃고만 사는 줄 알았는데 한번 화를 내면 정말 무서운 사람 등 나는 이런 부류의 사람이 그렇지 않은 사람보다 매력적이다. 대비가 있고 반전이 있고 그래서 극적인 효과가 느껴지는 사람 말이다. 그런 사람이야말로 실은 대단한 연출가이기도 하고.

음악과
좌표

김민기 선생님의 부고를 들었다.

가수 알리에게서 문자가 왔다. 알리는 〈더 뷰티풀〉 공연에서 김민기 선생님의 〈봉우리〉를 불러주었다. 선생님의 내레이션에 김형석 작곡가의 피아노 연주, 이세현 작가의 〈붉은 산수〉를 배경으로 만들었던 순서였다.

알리는 "김민기 선생님과 이렇게라도 노래할 수 있어서 좋았다"며 그날의 실황을 내게 부탁했다. 나는 그 문자를 받고 나서야 선생님이 돌아가셨다는 사실을 알았다.

이어서 몇몇 사람에게서 연락이 왔다. 지난겨울, 이미 손쓰기 힘든 말기 암이라는 소식을 듣기는 했지만, 그래서 오래 버티시지 못할 것 같다는 말을 듣기는 했지만 선생님이 돌아가셨다는 소식 앞에서 잠시 멍해졌다.

"이렇게 한 시대가 가고 나의 한 시절도 저무는구나."

〈봉우리〉, 〈아침이슬〉, 〈친구〉, 〈백구〉, 〈그날〉, 〈아름다운 사람〉, 〈늙은 군인의 노래〉, 〈상록수〉… 이런저런 이유로 평소에는 자주 듣지 않던 선생님의 음악을 찬찬히 듣기 시작했다. 기타 하나만으로, 때로는 건반 하나만을 배경으로 선생님은 노래했다.

그 모든 노래에서 김민기 선생님은 '철저하게 혼자였구나!' 하는 생각이 그제야 들었다. 연주 형태에서 혼자였을 뿐 아니라 노래가 담고 있는 모든 면에서 철저하게 홀로 서 계셨구나. 넌지시 일러주는 듯, 고백하는 듯, 위로하는 듯 들리던 선생님의 목소리가 몹시 외롭게 느껴졌다.

나와 특별한 인연이 있었던 것은 아니다. 다만 자신의 노래를 내가 쓰겠다고 할 때마다 거절하지 않고 허락해주셨었다. 그것도 원곡 그대로가 아니라 편곡을 하거나 다른 사람이 부르는 것까지 말이다. 원곡자가 자신의 곡을 어떤 형식으로든 변형하여 연주하는 것에 대해 보수적인 태도를 보이는 건 당연하고 대개는 마땅찮아한다. 하지만 선생님은 매우 관대하셨다.

그렇게 문재인 정부 첫 번째 현충일 추념식에 최백호 선생이 〈늙은 군인의 노래〉를 편곡하여 불렀고, 이후 국군 전사자 유해 봉환식 때 가수 윤도현이 또 다른 편곡으로 다시 불렀다. 코로나19로 온 국민이 지치고 절망에 빠져 있을 때 선생님의 〈상록수〉를 편곡하여 4·19 기념식에서 20여 명의 가수들이 함께 부르기도 했다. 대통령 기자회견 때는 〈봉우리〉한 소절을 기자회견 영상의 배경음악으로 쓴 적도 있다.

선생님은 매번 연락할 때마다 아무 조건 없이 승낙해주셨었다. 그 모든 것에 이제야 감사하다는 생각이 들다니… 늦은 후회, 다하지 못한 도리, 그리고 미처 표현하지 못했던 마음을 후회하던 중 작곡가 정재일에게서 연락이 왔다. 오랜만의 통화라 반가운 마음뿐이었는데 목소리도 그렇고 잔뜩 우울한 기분이 전해졌다.

"김민기 선생님 때문이죠?"

"네…."

짧은 대답에서 그가 겪고 있을 상실감과 아픔을 느낄 수 있었다. 몇 마디 위로의 말을 하기는 했지만 그것이 위로가 될 리 없었다. 그저 너무 많이 아프고 힘들지 않기를 바랄 뿐이었다.

"뭐 하나 보내드릴게요. 그냥 선생님께 드리려고 만든 게 있어서요."

그 목소리가 너무 슬퍼서 고맙다는 말도 못 하고 전화를 끊었다. 그리고 며칠 후 작곡가 정재일의 음악이 CD로 도착했다. 연주 한 음 한 음마다 그의 슬픔이 배어 나와 차마 듣기가 힘들었다. 음악 속에서 정재일은 어디에서는 울음을 참고서 있었고, 어디에서는 훌쩍이고 있었고, 또 어디에서는 통곡하고 있었다. 내가 이제껏 들었던 어떤 추모곡보다 슬프고 아름다웠다.

연출가가 자신의 구상에 꼭 들어맞는 음악을 만나기란 매우 어렵다. 음악을 직접 만드는 재주가 있다고 하더라도 자기 구상을 제대로 표현하는 곡을 만들기는 쉽지 않다. 나는 여러 행사를 준비하며 여러 번 난관에 봉착했다. 길을 잃고 헤매기도 했고 지나온 길을 잊어버려 되돌아가기도 어려운 처지에 놓인 적이 많다.

그럴 때마다 음악은 기획 의도를 떠올리게 하고 새로운 구상을 끌어내고 상상을 가능하게 해주었다. 김민기 선생님의 노래들은 내게 그런 음악이었다. 나 이제 가노라며 떠나는 김민기 선생님. 가시는 길에 서러움 모두 버리고 떠나셨을까. 그에게 빚진 마음을 갚을 방법이 없어 마음이 무겁고, 내 기획과 연출이 길을 잃으면 이제 무엇을 좌표로 삼아야 할지 두려워진다.

선생님의 명복을 빈다.

연출이란

연출과 기획으로 밥벌이한 지 올해로 25년쯤 되었다. 소극장 라이브 콘서트부터 국가 기념식과 국제 행사까지 다양한 일을 기획하고 연출했다. 기획자로서는 과분할 정도로 기회를 얻었고 경험을 했다. 대개 한 분야에 20년쯤 몰입하면 그 분야에 있어서는 달인이 되던데, 어찌된 일인지 나는 20년이나 이 일을 해왔는데도 종종 실패한다.

모든 행사는 규모와 내용에 상관없이 관객을 대상으로 한다는 점에서 같다. 감동과 만족을 주어야 할 대상이 있고, 그 대상을 위해 기획하고 연출해야 한다.

하지만 기획과 연출이 오로지 관객의 만족만을 위해 기능했을 때, 그 결과는 그리 신통치 않았다. 당혹스럽지만 사실이다. 관객만을 위해 연출했는데 오히려 관객의 만족이 담보되지 않는 아이러니는, 비유하자면 나 혼자 사랑하는 사람에게 과도한 애정 공세를 퍼붓는 것과 같다. 상대는 지쳐가다 결국엔 질려서 떠나게 된다.

그동안 해왔던 공연과 행사를 되돌아보면 연출만 만족한 경우가 있고, 관객만 만족한 경우가 있고, 연출과 관객 모두 만족스러웠던 경우도 있었다. 분명하게 딱 구분되는 것은 아니지만 대략 그렇다.

연출만 만족한 경우는 일은 고되고 결과는 가장 안 좋은 경우다. '과도한 연출', '진정성 없는 행사', '지나치게 화려한 형식', '관객에 대한 배려라고는 찾아볼 수가 없는' 등의 비난이 자동으로 따라붙는다. 물론 연출가로서는 새로운 시도를 비롯해 해보고 싶은 것은 다 해봤을 테니 후회가 없을 수도 있다. 하지만 공연은 결국 관객을 대상으로 한다는 사실을 상기하면 그러한 만족은 연출가의 정신 승리로만 남게 될 뿐이다. 시간이 좀 지나면 그러한 정신 승리도 고스란히 후회로 바뀌어 간다.

관객만 만족한 행사는 연출만 만족한 행사와 비교하면 쉽고 편하고 평가도 좋다. 어려운 점이 없다. 익숙한 형태와 예견 가능한 '와우 포인트wow point', 행사를 둘러싸고 있는 여러 관계자와의 갈등도 덜 하다. 설령 준비하는 동안 갈등이 있었다고 해도 행사 엔딩과 함께 사라진다. 하지만 관객이 빠져나가고, 스태프가 장비를 철수시키고, 해체되는 무대를 바라보는 순간 생각하게 된다. 이걸 내가 왜 하고 있을까.

밥벌이로서 행사 업자와 예술가로서 연출가가 갈리는 지점이 바로 여기다. 생각하지 않고 그대로 참고 견디면 시간이 지날수록 능숙한 업자가 된다. 반면 '이런 일이라면 굳이 내가 할 필요는 없잖아'라고 생각하고 고민하기 시작하면 일하기가 불편하고 생활도 어려워지지만, 결국엔 자기 색깔을 가지게 된다. 연출가가 되는 길에 들어서게 된다.

일을 오랫동안 하다 보면 습관적으로 관객의 만족을 연출의 만족으로 삼게 되는 경우도 생긴다. 연출 기술, 의도, 목적으로 만족하는 것이 아닌, 모든 것이 빗나간 경우에도 연출에 아쉬움을 느끼기보다 관객이 만족했으니 연출가 자신도 만족했다고 자평하는 경우다. 하지만 관객이 만족했다고 해서 모두가 만족한 행사라고 할 수는 없다. 연출은 연출가가 자기만족을 얻고자 하는 강렬한 욕망이 존재하는 영역이기 때문이다. 그 강렬한 욕망 때문에 연출가는 객석에 앉아 행사를 지켜보는 것이 아니라 무대나 객석 뒤에서 행사를 만들어내는 것이다.

그러니 연출가는 반드시 작품 안에 자기 세계관을 투영할 줄 알아야 한다. 비슷하거나 그럴듯하거나 적당해서는 연출은 할 수 있지만 연출가가 될 수는 없다. 우리 시대가 그리워하는 것을 정직하게 표현해내는 사람들을 떠올려보면 모두 분명한 색깔과 지향, 진심을 갖고 있다.

연출가는 자기 작품에 전체든 부분이든 노골적이든 간접적이든 메시지를 심어 놓는다. 그리고 관객과 만나길 고대한다. 성실한 관객들이 결국엔 메시지를 찾아주기를 바라고, 마침내 찾아냈을 때 아름답게 피어나길 소망한다. 바로 그 지점, 연출가의 의도와 관객의 감상이 서로 만나 마침내 공감을 이루어냈을 때, 그때가 바로 관객과 연출가가 함께 만족하는 행사가 만들어지는 것이다.

연출을 작위적으로 만들어내는 일이라고 단정 짓는 경우가 많고, 연출가 역시 무언가를 꾸며내는 사람 정도로 치부하는 경우도 적지 않다. 연출가의 연演은 '흐르다', '통하다'라는 뜻이 있다. 연출은 'direction(방향)', 연출가는 'director'다. 그 어디에도 꾸민다거나 만들어낸다는 의미는 없다. 나는 연출가를 '그가 꿈꾸는 세계관으로 관객을 흐르게 하는 사람'이라고 생각한다.

연출가로서 내 세계관은 '우리 시대가 그리워하는 것을 정직하게 표현하는 것'이다. 정직하게 표현했을 때만이 아름다움이 피어난다. 그리고 우리는 모두 아름다움에 감동한다.

아무리 훌륭한 연출가라고 해도 모든 작품이 모든 관객을 감동하게 만드는 것은 아니다. 실험적이고 모험적이고 상상력이 풍부할수록 관객과 멀어질 확률이 커진다. 이를 두고 비

평가들은 대중의 몰이해라거나 과도한 연출적 욕심이라고 비난한다. 하지만 그것은 단편적인 관찰일 뿐이다.

연출가에게는 자기만의 세계관이라는 축이 있고 그 반대편엔 관객들이 기대하는 축이 있다. 일을 꾸준히 하다 보면 어느 순간 이 양 축이 운명처럼 교차되어 만나는 지점이 생겨날 때가 있다. 나의 경우에는 2002년 월드컵 때의 'YB 공연'이 그러했고, 2009년 '노무현 대통령 추모 공연'이 그러했고, 2010년 〈나는 꼼수다〉 토크 콘서트가 그러했고, 2017년 겨울부터 2022년 1월까지의 국가 기념식들이 그러했다. 두 개의 축이 만날 때, 그때 비로소 나의 연출은 관객에게 고스란히 전달된다. 진심이 전해지고 공감이 이루어지고 감동이 탄생한다.

시대가 무엇을 그리워하는지를 알아채고 그것을 내가 가진 생각을 통해 부끄러움 없이 정직하게 연출해낼 때, 비록 짧은 순간일지라도 관객과 연출가가 함께 아름다움에 감동하게 된다.

상상을 현실화해라.
그것이 연출가의 숙명이다.
상상의 단편들로 장면을 만들고,
장면을 바탕으로 서사를 만들고,

서사를 바탕으로 메시지를 만들고,
메시지를 바탕으로 구현해라.

상상력이 필요하다.
현실에서 시작하면 안 된다.
연출가로서 평생의 고민이다.
상상 없이 감동을 얘기해서는 안 된다.

상상에서 시작하면 연출의 살길이 있다.
현실만 보여주면 좌절이고 비극이다.
현실에 상상을 더하면 희망이 있다.
이것을 하려면 연출가가 엄청나게 일해야 하고
깊이 탐구해야 한다.

상상에 현실을 더하면
연출가의 신념이 된다.
이것을 못하면 연출가가 아닌 업자가 된다.
작품이 아니라 제품을 만들게 된다.
이게 나의 고민이다.

연출가는 늘 자신에게 물어야 한다.

이것을 본 적 있느냐고, 이것 말고 다른 방법은 없느냐고.

"그렇다"라고 답할 수 있을 때만 시작해야 한다.

"아니오"라면 사기다.

우리는 현실의 세계에서 상상의 세계로 가야 한다.

상상이 현실이 되면 다시 다음 세계로 갈 수 있다.

아니면 망하고 만다.

내가 연출가로서 배운 것은 상상의 실존이다.

상상은 어떤 현실의 힘도 이길 수 있다.

어떤 권력을 가진 자도 박해할 수 없다.

이를 증명하는 것이 연출가의 사명이다.

Ending

반딧불이 되었으면 싶다

기획과 연출에 관해 처음 쓴 책은《공연 행사 제작 메뉴얼》이었다.

공연과 행사를 어디서, 언제 해야 하는지, 어떻게 만들어야 하는지를 썼다. 무대, 조명, 장치, 출연진에 관한 이야기들이었다. 그때는 공연기획자였고 공연 연출만 했던 때라 그 이야기들만 쓸 수 있었고 더 아는 것도 없었다. 알려주면 충분히 따라 할 수 있는 내용이었고 대단한 기술이 아니라 정보에 가까웠다. 복잡하게 쓰기는 했지만 지금 생각하면 아주 단순하고 명료했던 시절이었다. 관객과 내가 만족할 만한 공연만 만들면 되었으니까.

지난 10년 동안은 이전 10년과는 비교도 안 될 만큼 많은 일을 했다. 5분 만에 끝나는 임명장 수여식부터 국가 역량이 총동원되는 올림픽까지 관여했으니, 기획자나 연출가로서는 할 수 있는 거의 모든 일을 해본 셈이다.

단순히 공연과 행사를 만드는 일만 한 것은 아니었다. 실은 그보다 다른 일들이 많았다. 대통령 일정을 중심으로 새로운 아이템을 찾고, 홍보 포인트를 찾고, 목적에 맞게 구성하고, 국민이 보기 좋게 형식을 만들고 그것을 구현하는 일들이었다. 기자회견, 공개회의, 비공개회의, 방문 일정, 브리핑, 연설, 영상 제작, 현장 체험, 프레젠테이션에 이르기까지 표현 방법은 다양했다. 모든 방법의 장단점을 알아야 했고 주목받는 결과를 만들어내야만 하는 일이었다.

국내 행사를 기획할 때는 정치적 이해관계, 정부 입장, 국민의 눈높이를 고려해야 했고, 외교 행사의 경우 상대국 역사와 문화부터 그 나라 정부의 입장, 외교적 태도, 우리에게 미치는 영향도 알아야 했다. 남북 교류 행사는 그 어떤 국내외 행사와는 달라 고려해야 할 것, 배려해야 할 것, 관철해야 할 것들이 많았다. 행사를 치러낼 때마다 언론이 어떻게 볼지 고민해야 했고, 해당 부처, 지방자치단체, 국회, 기업, 시민 단체에 설명하고 이해를 구하며 함께 만들어야 했다.

그렇게 지난 10년 사이에 나는 공연기획자에서 기획자가 되었고, 공연연출가에서 연출가로 변모했다. 그럴듯한 공연만 만들어내면 되는 일에서 발상, 기획, 홍보, 연출에 이르는 과정을 만들고 최종 결과물까지도 책임져야 하는 일을 했다.

기획과 연출에 관한 책을 다시 쓰려니 10년 전보다 쉽지 않았다. 경험한 것이 많으니 더 잘 쓰겠지 싶었는데, 써 놓고 보니 잘 모르겠다. 실은 원고를 처음 시작할 때부터 무엇을 써야 할지 막막했다. 내 경험을 말하자니 서문에서 밝혔듯이 나에게만 유효한 사례이고, 원론을 말하자니 너무 빤해서 안 하느니만 못한 것 같고, 방법을 이야기하자니 그 결과가 얼마든지 다를 수 있어 독자에게 사기 치는 기분이 들었다.

아무리 애를 써도 상상이나 발상을 거쳐 기획이 되고 거기에 연출을 보태는 과정을 도해圖解할 수 없었다. 그럴 재간이 없었다. 어느 순간 갑자기 떠오른 생각이 그럴듯한 결과물로 남게 된 것은 우연도 있고, 운이 좋아서인 것도 있고, 때로는 지독하게 운 나쁜 일들이 연속되다가 '짠' 하고 만들어진 것도 있어서 도저히 그 과정을 설명할 방법이 없었다.

결국 나는 포기했다.

이렇게 하면 된다거나 이러저러한 과정을 거치면 어떤 결과가 나온다는 말은 하지 않기로 했다. 도움은 되지 못해도 사기는 치지 말자는 쪽으로 마음을 정했다. 대신에 기획자로서 내가 어떻게 발상을 하고 상상을 시작하는지 썼다. 연출가로서 내가 그것을 어떻게 표현했는지를 썼다. 거기에 참고가 될 만한 사례도 찾아 넣었다. 그리고 밝혀두었다. 이것은 나의 사례이니 다만 참고만 하라고.

세상에 훌륭한 기획자가 되거나 훌륭한 연출가가 되는 방법 따위가 있을 리 없다. 그런 게 있다면 누구나 훌륭해질 수 있지 않았겠나. 나는 남과 비슷한 방법으로 대가가 된 사람을 본 적이 없다. 저마다 자기 방법을 찾아야만 뭐라도 될 수 있다.

얼마 전 반딧불을 보기 위해 한밤에 곶자왈에 갔었다. 휴대폰도 끄고 안내자의 발걸음 소리와 바닥에 군데군데 붙어 있는 야광 표지만 보고 30분 정도 걸었을까. 거기 반딧불이 있었다. 반딧불 빛은 생각보다 밝았다. 켜졌다, 꺼졌다를 반복하기는 했지만 일단 켜졌을 때는 앞 사람의 모습이 보일 정도였다. 별빛도 닿지 않는, 하늘까지 가려진 어두운 숲속에서 반딧불은 주변의 나무를 비추며 부산히 다른 반딧불을 찾아다니고 있었다.

이 책이 어둠 속에 반딧불 같았으면 좋겠다. 길을 알려주지는 못하지만, 계속해서 당신을 비춰주지는 않지만, 당신이 가려는 길과 하려는 일 그 어디쯤에서 깜빡이면 좋겠다. 그리고 당신도 반딧불 빛이 되었으면 좋겠다. 나 역시 계속 가야 할 이 길 어디에선가 그 불빛을 보며 함께 반짝일 수 있도록….

더 쇼
탁현민의 기획과 연출

초판 1쇄   2024년 9월 3일 발행
초판 2쇄   2024년 9월 12일 발행

지은이 탁현민
펴낸이 김현종
출판본부장 배소라 기획 황정원 최재희 책임편집 황정원
표지디자인 이승정 본문디자인 김기현
마케팅 최재희 안형태 김예리 경영지원 박정아 신재철

펴낸곳 ㈜메디치미디어
출판등록 2008년 8월 20일 제300-2008-76호
주소 서울특별시 중구 중림로7길 4, 3층
전화 02-735-3308 팩스 02-735-3309
이메일 medici@medicimedia.co.kr 홈페이지 medicimedia.co.kr
페이스북 medicimedia 인스타그램 medicimedia